Reinventando a liderança

Dados Internacionais de Catalogação na Publicação (CIP)
(Câmara Brasileira do Livro, SP, Brasil)

Di Nizo, Renata
　　Reinventando a liderança : por uma ética de valores / Renata Di Nizo. – São Paulo : Summus Editorial, 2013.

ISBN 978-85-323-0828-3

1. Comunicação interpessoal 2. Crescimento pessoal 3. Desenvolvimento humano 4. Ética 5. Interação social 6. Liderança 7. Relações humanas 8. Sucesso em negócios 9. Valores I. Título.

12-13469　　　　　　　　　　　　　　CDD-158.1

Índice para catálogo sistemático:

1. Liderança : Ética de valores 158.1

www.summus.com.br

EDITORA AFILIADA

Compre em lugar de fotocopiar.
Cada real que você dá por um livro recompensa seus autores
e os convida a produzir mais sobre o tema;
incentiva seus editores a encomendar, traduzir e publicar
outras obras sobre o assunto;
e paga aos livreiros por estocar e levar até você livros
para a sua informação e o seu entretenimento.
Cada real que você dá pela fotocópia não autorizada de um livro
financia o crime
e ajuda a matar a produção intelectual de seu país.

Renata Di Nizo

Reinventando a liderança

Por uma ética de valores

summus editorial

REINVENTANDO A LIDERANÇA
Por uma ética de valores
Copyright © 2013 by Renata Di Nizo
Direitos desta edição reservados por Summus Editorial

Editora executiva: **Soraia Bini Cury**
Editora assistente: **Salete Del Guerra**
Capa: **Buono Disegno**
Imagem de capa: © **Pro777 | Dreamstime.com**
Projeto gráfico e diagramação: **Crayon Editorial**
Impressão: **Sumago Gráfica Editorial**

Summus Editorial
Departamento editorial
Rua Itapicuru, 613 – 7º andar
05006-000 – São Paulo – SP
Fone: (11) 3872-3322
Fax: (11) 3872-7476
http://www.summus.com.br
e-mail: summus@summus.com.br

Atendimento ao consumidor
Summus Editorial
Fone: (11) 3865-9890

Vendas por atacado
Fone: (11) 3873-8638
Fax: (11) 3873-7085
e-mail: vendas@summus.com.br

Impresso no Brasil

Dedico esta obra – coletânea de experiências e reflexões – a Gabriela Focante. Desde que ela bateu à nossa porta, as cores da Casa da Comunicação ficaram mais vibrantes e, tantas vezes, do avesso. Alertados pelo Pequeno Príncipe, aprendemos – a tempo – que somos responsáveis também por deixar herdeiros da nossa generosidade. Ele concordaria comigo: o mundo carregado de Gabriela e de gentilezas é mais divertido, humano e, claro, mais sustentável.

Agradecimentos

Quero agradecer às pessoas que me inspiram até hoje e, igualmente, às que colocaram à prova quem eu quero ser. Agradeço à minha editora, Soraia, pelo incentivo e pela dedicação que me amparam na trajetória solitária de me dizer. A Sofia Mathias, pelas conversas a qualquer hora, que funcionam como um bálsamo no meu turbilhão de ideias. Aos meus alunos, que me inundam de esperança. Obrigada ao Paulino Hashimoto por me confiar o time de líderes da Whirlpool, a quem devo tantos *insights* e aprendizados compartilhados. Grata, sobretudo, àqueles que se tornaram guardiões dos valores. Por fim, à minha querida avó Julieta, por nossos rituais no preparo da pamonha. Colhíamos e debulhávamos o milho, fazíamos o curau e as bonecas da espiga do milho, enquanto o dedo de prosa e as incontáveis histórias penetravam no imaginário para florescer até hoje no meu coração.

Sumário

Prefácio 13

Introdução 15
  Mitos e verdades 16
  O xis da questão 18
  Dobradinha 20
  Dos valores da infância 24
  Quando o *status* é um valor 25
  Modismos e ética 25
  O tesouro da infância 26
  O pódio na ascensão da carreira 26
  Uma vida boa 27
  A amarração dos valores 28
  Filosofia integrada 30
  Comprometimento voluntário 31
  Em vez de ser herói, aprender com os erros 32
  A proposta 33
  O jumento chinês 35

CAPÍTULO I
A CULTURA E OS VALORES

Um *case* baseado em valores 38
O embate pessoal 41
O termômetro organizacional 46
A saia justa 47
A apologia da normatização 48
A negligência dos valores 50

Comportamentos nocivos ························ 52
RHs e consultorias à mesa ····················· 58
De volta para casa ··························· 78
A cereja do meu bolo ························· 82

CAPÍTULO II

UMA PAUSA PARA FALAR DE PRINCÍPIOS E VALORES ÉTICOS

Honra: o fio do bigode ························ 88
O pão nosso de cada dia ······················ 89
Retidão ··································· 90
Integridade ································ 91
Transparência ······························ 92
Um exemplo memorável ······················ 93
Confiança atrai confiança ····················· 94
Respeito: a menina dos olhos ·················· 96
Justiça ··································· 99
Igualdade e equidade ······················· 103
Generosidade ····························· 104
Solidariedade ····························· 107
Inteligência social ·························· 108
Empatia e sintonia ························· 108
Espírito de equipe ·························· 111
Coragem ································· 114
Perseverança ····························· 115
Diligência ································ 116
Proatividade ······························ 117
Criatividade ······························ 118
Diálogo ·································· 121
O poder das palavras ······················· 121
A parábola dos pregos ······················ 122

Clareza de propósitos 123
O poder de espalhar emoções 124
O bom humor 125
O peculiar e o diverso 127
Escassez de informação e de diálogo 128
A escuta dialogadora 132
A comunicação é a chave de ouro 132
Atitude ética por e-mail 134

CAPÍTULO III
POR UMA CULTURA DE VALORES

Proseando sobre valores 140
O termômetro dos valores 141
As expectativas no quesito valores 142
A visão da cultura organizacional 144
As promessas em sala de treinamento 145
O tema dos valores na vida organizacional 149
Você em destaque 153
Valores de equipe 155
Missão renovada 156
As histórias 157
Avivar os valores e praticar, praticar, praticar... 159
A gestão dos valores 160

Referências bibliográficas 163

Prefácio

FOI NO ANO DE 2006 que tive o privilégio de conhecer Renata Di Nizo. Naquela época, eu ocupava o cargo de consultor de Recursos Humanos em uma empresa multinacional americana, atendendo à área comercial de peças de reposição, tecnologia da informação e serviços. Precisava iniciar um trabalho com a equipe de TI a fim de quebrar as mazelas que foram se instaurando ao longo dos anos pela falta de relacionamentos verdadeiros, maduros e saudáveis.

A equipe se mantinha endurecida e o diálogo já não fazia parte do cotidiano. Renata me apresentou à possibilidade de avivar os valores do grupo para que as relações interpessoais fossem humanizadas. Achei uma tarefa quase impossível em tão curto tempo, ainda mais com um time que priorizava a tecnologia em vez das relações humanas. Eu não tinha muito tempo para questionar o trabalho e precisava confiar no que Renata me propunha.

Decidi então fazê-lo. Renata honrou com o compromisso da excelência e do avivamento dos valores sendo fiel comigo e consigo mesma. Ela proporcionou a revisão das histórias de vida, gerando em consequência o reconhecimento do lado humano de cada profissional. Recebi inúmeros *feedbacks* positivos dos meus clientes internos e sabia que o trabalho estava apenas começando.

Ao longo dos anos, convidei Renata para outros projetos com grandes equipes e o resultado se repetiu. As pessoas voltavam mais inspiradas e constantemente traziam reflexões sobre o sentido de fazer parte de algo maior.

Sinto-me privilegiado por participar ativamente desta obra de arte sobre valores porque me identifico com essa proposta e reconheço Renata como única nesse trabalho. O livro apresenta uma excelente reflexão sobre valores que permeiam a realidade de grande parte das empresas brasileiras e traz um panorama do líder contemporâneo que muito precisa se desenvolver.

Renata se preocupa em trazer os discursos dos diversos profissionais que ela vem acompanhando, atendo-se ao crescimento coletivo, além de utilizar a simplicidade como ingrediente fundamental para o estabelecimento de relações sustentáveis e garantir a construção do seu grande legado.

CARLOS TEMPERINI
Gerente de Recursos Humanos do Grupo Abril

Introdução

HÁ NO MERCADO uma quantidade razoável de bibliografia sobre liderança. Minha esperança é que você esteja tão preocupado quanto eu com o tipo de liderança que queremos exercer, sabendo que a todo tempo influenciamos o entorno e a formação da futura geração de líderes. A pergunta essencial deste livro é: que legado deixaremos como exemplo?

As competências comportamentais estão na ordem do dia. De um lado, porque os discursos vazios vêm soando mal aos ouvidos do consumidor; de outro, porque a pressão acirrada por resultados cada vez mais desafiadores demanda um desempenho extraordinário que beira a "síndrome do herói". Trata-se da supervalorização das horas extras e da pressão constante para que as pessoas alcancem metas quase inatingíveis. Para isso é preciso um verdadeiro esforço cotidiano hercúleo, que leva ao desgaste – mas, aos olhos de alguns, é sinal de comprometimento e de esforço pessoal pelo bem da empresa. É uma doença contagiosa que faz os executivos espremerem a própria vida e repetirem à exaustão o mantra do comprometimento.

A bem da verdade, a insatisfação nas pesquisas de clima organizacionais evidencia, quase sempre, um *gap* no desempenho desejável dos líderes, sobretudo no quesito gestão de pessoas e comunicação. Infelizmente, aumentam as patologias relacionais, o *show* de vaidades e a corrida desenfreada pela ascensão na carreira ou por atingir metas a qualquer preço – o famoso vale-tudo.

Acredito que o foco em resultados mascara uma questão anterior: a confusão de valores. *Status*, dinheiro e poder são as meninas dos olhos que cegam os desavisados, sedu-

Introdução

zem facilmente quando as pessoas se afastam dos próprios valores e, dessa forma, corrompem o sentido mais humanizado da existência. Pior: inexistem uma postura de diálogo e uma preocupação ética verdadeira com o bem-estar dentro das organizações.

Faltam ainda aspectos como humildade para crescer na diferença, tolerância para respeitar o diverso e simplicidade para regar um ingrediente mágico e essencial: a honra que deveria nortear todos os relacionamentos humanos. O mercado carece de um líder inspirador do tipo que alcançou um grau de maturidade e maestria semelhante ao do jardineiro que cuida com carinho de seu jardim. Traduzindo em miúdos, trata-se de pessoas que dedicam o tempo que for preciso para que haja qualidade na convivência diária, assim como nos processos de comunicação e no desenvolvimento das pessoas, pois sabem que assim conquistam a garantia de relacionamentos sustentáveis.

Mitos e verdades

AO LONGO DA EXISTÊNCIA da **Casa da Comunicação** tive a oportunidade de conhecer líderes exemplares. Homens que, sem nenhum alarde, souberam, imbuídos apenas de coragem, arregimentar batalhões. Alguns deles eram bem tímidos e qualquer pessoa duvidaria de sua capacidade de comando porque, retraídos, retrocediam diante das multidões ou de opiniões contrárias. Resistiam a participar de treinamentos ou protestavam no meio do grupo enquanto as pesquisas de clima organizacionais – vá entender – apontavam o grau de satisfação existente entre aqueles que trabalhavam com eles. Também havia homens que consideravam não ter mais nada a aprender, conduzindo equipes com mãos fortes e apresentando resultados aquém do esperado. Mulheres brilhantes que atingiam as metas, mas a um preço que suas equipes não estavam dispostas a pagar. Mulheres firmes no comando, prontas para reaprender consigo mesmas, com seus pares e liderados, mas esquecidas de que, além da seriedade nos negócios, era imprescindível manter a leveza nas relações. Homens e mulheres exaustos, sentados em círculo, com o coração apertado, dispostos a cuidar das cicatrizes e a ressignificar a própria vida.

Houve também aqueles que passaram por nossos treinamentos feito sonâmbulos. E os líderes que pararam no tempo, bons técnicos que desenvolveram a habilidade de atender às demandas usando o jeito antigo de comandar sem olhar a quem. Estes estabelecem relações de cumplicidade com alguns elegidos e os demais são do tipo "pau mandado". E, claro, vão continuar assim, porque ninguém investe neles. Esbanjam, no mínimo, arrogância. Embora se nutram da benevolência de muitas empresas, ainda focadas em resultados custe o que custar, não se pode negar que esse tipo de líder está com os dias contados.

Por outro lado, foi justamente o contato com esse mesmo perfil de líder – mais embrutecido – que me ensinou a confiar no ser humano. Com públicos diversos, sobretudo em chão de fábrica, pude acompanhar mudanças significativas, às vezes apenas propondo um novo olhar sobre suas trajetórias, olhar esse que lhes permitia se reinventar como líderes. Aprendi com esses homens a ser tanto exemplo de firmeza quanto de coração escancarado, daquele que é capaz de abraçar o mundo e suas tantas diferenças. Foi com eles que descobri a força do discernimento e do amor. Sim, porque é preciso muita generosidade para lidar

Introdução

com pessoas. Eu voltava de cada experiência como se um caminhão tivesse me atropelado ou como se um bando de pássaros me erguesse no alto de uma montanha e de lá eu pudesse vislumbrar um mar de possibilidades. Eu me fazia pequena diante desses gigantes que me mostravam até que ponto a tolerância e a falta de diálogo são armas poderosas para nos aproximar das pessoas.

Muitos dos relatos que ouvi desses homens me tornaram quem sou hoje. Cresci com eles em compreensão e humildade: bases que me tornaram uma pessoa sempre disposta a aprender. De fato, eu precisava ser um espelho no qual eles pudessem enxergar, por meio dos meus atos e palavras, sentimentos que os arvorassem de coragem para que, assim, pudessem se desvendar e compartilhar suas experiências. Eu não podia dizer uma coisa e fazer outra. Tudo precisava ser muito transparente e eu necessitava ganhar e transmitir confiança com minha atitude. Então, devo bastante a todos esses líderes que me ensinaram a enxergar, por dentro, a razão de suas atitudes muitas vezes contraditórias. Ensinaram-me protestando, zombando ou, ainda, se despojando aos poucos, até que fosse possível criarmos um espaço real de troca e diálogo.

O xis da questão

AS PESSOAS ACREDITAM QUE, por ocuparem cargos importantes, precisam esquecer todos os outros elementos que fazem parte de sua vida. A identificação com a carreira e o mundo dos negócios é tão grande que os líderes (sobretudo eles) acabam deixando de lado outros aspectos importantes, como a família, o lazer, a saúde – aspectos esses igualmente

Introdução

essenciais para que a existência seja merecedoramente equilibrada e feliz.

Em treinamentos de gestão de valores e cultura, as dinâmicas voltadas aos valores pessoais são as mais intensas e desafiadoras. De início, os líderes derrapam em discursos padronizados, discorrendo sobre os valores das empresas nas quais trabalham. Trata-se de discursos carregados de fórmulas prontas, como se, para falar deles mesmos e daquilo que confere sentido à vida, fosse necessário reaprender um caminho de regresso à família, aos valores aprendidos (e esquecidos) da infância. Os triviais permanecem latentes, mas faltam recursos até mesmo para nomeá-los. Além da escassez de vocabulário, carece-se do espaço consagrado ao que verdadeiramente importa: *que tipo de pessoa (de líder) eles querem ser*, o que os torna únicos como fonte de inspiração ética e moral.

Entre as atribuições da liderança, a mais intangível – mas nem por isso menos relevante – é aquela que diz respeito ao caráter e à qualidade que deve existir nos relacionamentos e na comunicação que se estabelece neles. Em conjunto, tais atributos denotam os preceitos éticos, os valores que definem as minúcias do cotidiano organizacional. Esse triângulo é a tela de fundo, pois constrói o tecido das relações e, dessa forma, colore a vida das pessoas e confere um sentido de direção à vida delas.

Tais aspectos parecem simples – agir com ética, saber se comunicar e cuidar das pessoas – mas são, na verdade, os mais trabalhosos e desafiadores. Contraditoriamente, estão sempre defasados e em segundo plano, motivo pelo qual representam os pontos nevrálgicos e de profunda insatisfação verificados nas pesquisas de clima ou nos diagnósticos.

Tudo isso nos leva à seguinte questão: quer dizer que um líder que mal consegue reservar tempo para a vida pessoal deve ainda se dedicar – onde, de que jeito, a que horas? – à sua equipe? A resposta é: sim! E precisa, também, conhecer cada liderado, assim como o potencial de cada um e sua vulnerabilidade. Ele deve ainda saber cativá-los e motivá-los para que se desenvolvam em todos os aspectos. Priorizar o tempo destinado à gestão das pessoas e dos valores que tecem as relações também faz parte de suas atribuições. Todas essas qualidades podem ser comparadas àquelas que permitem a um jardineiro cuidar de forma afetuosa do seu jardim – e num jardim bem cuidado muitos talentos podem florescer.

Podemos exemplificar assim: se o jardineiro regar demasiado as plantas, estas vão se ressentir; se não regar o bastante, elas morrerão aos poucos; se não adubá-las nem identificar suas especificidades, não conseguirá extrair o melhor delas. O mesmo acontece com as pessoas.

Então, eis a pergunta que não quer calar: que tipo de líder você quer ser?

Dobradinha

A FEBRE ÉTICA a cada dia adquire maior relevância, pois incide de forma subjetiva e direta no clima de uma organização. Deixemos aos *experts* a tarefa de discorrer sobre as infindáveis definições dos termos. Adotei como referência o postulado do filósofo Yves de La Taille (2006, p. 29): "À indagação moral corresponde a pergunta: 'como devo agir?'. E à reflexão ética cabe responder a outra: 'que vida eu quero viver?'"

Quando as empresas criam seu código de ética, trata-se do conjunto de regras que dita o comportamento aceitável e desejável. Ele é feito com base em questões morais ou normas relacionadas a *como* agir. Aliás, embora a palavra "moral" tenha caído em desuso, é bom salientar que toda ética – qualidade que nos ajuda a definir o tipo de vida que queremos ter – compreende uma moral responsável por reger nossa vida em sociedade. É essa moral que nos ajuda a interagir de forma saudável e equilibrada com as pessoas com as quais convivemos, sejam elas familiares, colegas de trabalho, clientes etc.

No cotidiano, o líder depara com situações ambíguas e conflitantes. O foco do questionamento – *como devo agir* – muitas vezes está associado às expectativas da organização na qual ele trabalha, ou seja, ao processo de ascensão na carreira. Mas o hábito desejável de submeter qualquer decisão às possíveis consequências de uma ação deveria ser decorrente da coerência interna. Antes de ser fiel à empresa, ser fiel a si mesmo; antes de desconfiar das pessoas com as quais convive, preocupar-se em ser merecedor de confiança. Dessa coerência nasce o compromisso de honrar igualmente os valores organizacionais, sempre em consonância com os valores pessoais. Isso implica promover também, em qualquer circunstância, o bem para si mesmo e para os demais.

Há situações nas quais o dever sobressai. A desonestidade, por exemplo, dirime qualquer dúvida, pois se trata de um comportamento inaceitável que envolve condutas desonestas e imorais. Existem, no entanto, dilemas morais diante dos quais a motivação do dever tende a esmorecer. Isso ocorre quando diversas vontades coexistem e a vontade moral (agir em conivência com os preceitos éticos) perde força ou gera um dilema tremendo. São situações que colocam em jogo a fragilidade das pessoas, as contradições humanas, a ineficácia dos processos, os limites reais e tênues entre um ser humano e outro, entre o certo e o errado. Mais que tudo, ressaltam a precariedade e a falta de diálogo sobre os valores que deveriam permear as relações humanas.

Um bom exemplo dessas situações é o de algumas políticas de cargos e salários que, às vezes, revelam-se injustas. Nesse caso, o que o líder deve fazer? Que postura ele deve adotar diante de seus liderados e superiores? Fazer de conta que nada está acontecendo ou não ouvir as queixas das pessoas certamente produzirá um efeito ainda pior: elas vão se sentir desrespeitadas.

Segundo o professor Blaine Lee (2005, p. 58), quando nos defrontamos com uma situação ameaçadora, há duas opções: "Ou nós a enfrentamos e fazemos alguma coisa a respeito (enfrentamento) ou nós a evitamos, às vezes simplesmente por evasão (fuga)".

Assim, há casos nos quais uma promoção acontece e ninguém entende por quê. E, para piorar, na correria do dia a dia, não faltam boas desculpas para a ausência de diálogo. A falta de administração dos conflitos e o acúmulo de queixas e fofocas, em conjunto, desmotivam o colaborador, deixando-o insatisfeito e infeliz. Então ele acaba se informando nos corredores da empresa, pelo velho e infalível método da "radiopeão", de assuntos relacionados à sua área. Ou seja, os círculos viciosos contaminam a vida organizacional.

Diante disso, a primeira dedução é a de que cabe ao líder, no mínimo, assegurar a prática do *feedback* (formal e informal). Somente por meio do diálogo as pessoas resgatam o sentido do trabalho e a razão de suas tarefas em equipe. Isso lhes permite perceber que seu esforço está sendo devidamente reconhecido, fato que reforça o empenho individual no alcance dos objetivos da empresa. O clima, em consequência, melhora quando as pessoas conversam abertamente e – me atrevo a afirmar – quando estão mais felizes.

Aí entra o plano ético: as pessoas querem uma vida boa. Embora a felicidade não esteja necessariamente ligada a nenhuma experiência concreta, todos almejam um sentido na vida, ou seja, a "consciência da direção que damos às nossas vidas" (De La Taille, 2006, p. 38).

Algumas perguntas recorrentes, latentes ou veladas, estão intimamente relacionadas.

- Que tipo de vida quero levar?
- Por que eu trabalho aqui?
- Qual o objetivo da minha vida?
- Que tipo de vida tem valor?

Retomando: primeiro escolho uma vida significativa e no centro desse questionamento consigo compreender os valores que respaldam minha felicidade. De pronto vêm à mente os valores que tornam minha vida feliz: amar e ser amado, desfrutar dos pequenos prazeres, da convivência com amigos e familiares, cultivar a espiritualidade, ser honrado no trabalho, crescer profissionalmente etc. Vale ratificar que os valores estão no centro das questões éticas. Em seguida, vem a questão moral: *como devo agir*? A partir daí, só agirá moralmente quem optar por uma vida boa (o que, claro, envolve a questão ética).

Se a pessoa deseja sucesso, dinheiro e poder a qualquer preço, sem se importar com os demais, esses valores merecem ser chamados de éticos? Um profissional que burla resultados, omite informação, não compartilha conhecimento, desrespeita as pessoas com grosserias ou frieza pode ser con-

Introdução

siderado ético? Da mesma maneira, um líder que nunca está disposto a escutar, que toma decisões intempestivas, que privilegia uns em detrimento de outros, dificilmente é percebido como ético. Em outras palavras, a busca de uma vida boa ou da própria felicidade, que se pretenda ética, necessita basear--se, no mínimo, em ideais de justiça social e honradez – os alicerces da construção da própria identidade.

Quem eu sou como líder diz muito das minhas escolhas, de como decidi realizar meu crescimento pessoal e profissional, da minha busca da felicidade. Denota ainda os valores que elejo na hora de tomar decisões. Eu posso, ao contrário, não refletir o bastante sobre essas questões e pegar emprestado algum modelo visionário ou marqueteiro desses que as capas de revista exibem: pessoas famosas e por vezes vazias e infelizes. Posso, inclusive, agir sem prestar atenção nas minhas escolhas – se são éticas ou não – ou na minha vida – em se estou pautando-a na salvaguarda de determinados valores.

Dos valores da infância

Outro dia li na internet um artigo da jornalista Leila Ferreira que começava assim: "Estamos obcecados com o melhor. Não sei quando foi que começou essa mania, mas hoje só queremos saber do melhor". Leila está coberta de razão. Nada parece ser suficiente e a pressão pelo *status* desencadeia uma corrida desenfreada pelo melhor carro, pelo *laptop* mais moderno e pelo celular de última geração.

Por outro lado, é bastante saudável a inquietude criativa que nos leva a dar o que temos de melhor, a buscar soluções ou rotas alternativas para mudanças desejáveis ou para um desempenho de contínuo aprimoramento. A questão é saber o que nos move. Em suma, trata-se da vida que queremos ter e dos valores que respaldam nossas decisões.

Quando o *status* é um valor

Então, se o valor que nos impulsiona é o *status*, estaremos à mercê do consumismo. Concordo que esse tipo de desassossego, movido pela ganância, não leva a nada. Quantas mulheres insatisfeitas com a gordurinha a mais abarrotam a sala de espera dos cirurgiões plásticos? E, depois de uma lipoaspiração, ainda vão atrás de aplicações de botox e de um *lifting* aqui, outro ali?

Esgotadas as possibilidades reparadoras, a indústria da beleza tem sempre uma nova fórmula que produz a mágica da transformação. Esses subterfúgios e outros tantos modos de mudar a aparência produzem um efeito fugaz que, depois de saciado, leva a um novo consumo, a uma nova intervenção. É como adquirir o último lançamento da Apple. Você mal começa a usá-lo e sua aquisição já está obsoleta.

Modismos e ética

Da mesma forma, há ondas de modismos em todas as áreas. Quando sou "brifada" para um treinamento, vou logo dizendo que não há milagres, que a comunicação, por exemplo, não se aprende em oito ou 16 horas. O processo de aprendizagem de qualquer competência comportamental é tênue, delicado e precisa do reforço permanente da ética.

Para promover mudanças significativas, não bastam as grandes teorias (necessárias porque inspiram atitudes): é essencial avivar os valores. Quando você se dá conta de que é fonte de inspiração, um exemplo para os demais, essa percepção agrega valor ao seu papel no mundo, ao legado e ao testemunho que você imprime para as futuras gerações.

O tesouro da infância

No COTIDIANO, há pessoas sensíveis, por exemplo, ao modo como lidamos com elas; pessoas atentas a detalhes representados por um sorriso, um bom-dia ou um obrigado. Aquelas palavras mágicas, aprendidas ainda no jardim de infância, continuam sendo importantes, assim como um ato gentil, que implica compartilhar delicadezas e respeitar-se mutuamente.

Não são necessários uma pesquisa de clima organizacional nem um diagnóstico para constatar o óbvio: só os valores humanizam as relações. Vale a pena ser uma pessoa melhor, mais compassiva e mais inteira. Esse desejo de melhorar-se tem que ver com nossos valores. Eu ainda acredito que a generosidade, por si só, cura os pequenos egoísmos.

Um mundo de compaixão e solidariedade exige um coração valente e aberto ao diálogo. Afinal, o grande tesouro da vida é aquele que nos ensina a incorporar os valores da infância.

O pódio na ascensão da carreira

EM UMA MESMA EMPRESA existem profissionais cientes da interdependência e da necessária gestão do capital humano e social e aqueles movidos pelo crescimento a qualquer preço, sem paciência para com os processos e para a devida maturação do próprio desenvolvimento. Trata-se de alguém que está a mil léguas da gestão de pessoas. Pior: para ele, o valor do sucesso se transforma em uma corrida desenfreada pela ascensão da carreira.

Se, de um lado, o cuidado com pessoas é uma inspiração, de outro, o descaso com o relacionamento e a supervalorização do *status* desumanizam e desmotivam.

As pessoas estão de olho na perspectiva ética adotada pelo líder porque ela determina a razão de suas ações. Ou seja, as pessoas avaliam, a todo momento, se o líder está preocupado com o bem-estar e com a necessidade de assegurar, dentro da organização, uma vida boa para todos.

Uma vida boa

MAS O QUE É GARANTIR uma vida boa aos funcionários? Certamente compreende uma política de portas abertas que assegure relações saudáveis entre equipes e líderes. Representa ainda a existência de colaboração intra e interdepartamental. Implica, com certeza, espaço para o desenvolvimento e para a retenção dos talentos. Significa, sem dúvida alguma, cuidar da gestão das pessoas e, por conseguinte, dos valores.

O que importa é perceber, o tempo todo, quando as pessoas atravessam o buraco negro que ofusca as razões que as levaram a trabalhar naquela empresa. É papel do líder ajudar cada membro da equipe a dar sentido às suas ações e fazê-los encontrar respostas satisfatórias à pergunta: *para que estou nesta empresa?* O trabalho precisa fazer sentido, assim como fazer parte daquele time deve ser algo que valha a pena. É responsabilidade do líder certificar-se de que cada pessoa sob seu "comando" entende seu papel dentro da engrenagem, compreende suas atribuições, em suma, saber que ela realiza plenamente, no âmbito profissional, a expansão de todo seu potencial.

A resposta à pergunta "Que vida você quer ter?" define que tipo de atitude e de comportamento você deseja ter, portanto que tipo de líder você deseja ser. Ao responder, de modo consciente, às perguntas *como e para que viver?*, ao estabelecer o sentido e as formas de viver, a pessoa se define também como ser humano pleno. Perceber-se como pessoa de valor: eis a importância de inspirar o crescimento e desafiar cada indivíduo, instigando sua vontade interna de superar os próprios limites. Desse modo, favorecer o desenvolvimento das pessoas é também uma questão ética.

A amarração dos valores

No NÍVEL HUMANO, descobrir nossa *missão* seria responder às seguintes perguntas: por que existimos? Qual o nosso papel na sociedade? Quem somos?

No nível empresarial, *missão* seria a razão de ser da empresa, o motivo de sua existência, seu objetivo maior. Assim, quanto mais explícita ela for, mais funcionará como um norte que guiará as equipes. Aliás, o líder necessita agir imbuído do senso de missão, pois é isso que despertará nas pessoas a paixão, cativando-as e conferindo relevância ao seu trabalho.

Já a *visão* envolve a resposta às perguntas: que força nos impulsiona? O que fazemos de modo mais aprimorado? O que desejamos realizar? O que gostaríamos de mudar? Que tipo de pessoa queremos ser e aonde queremos chegar? A *visão* representa o nosso ideal humano, o tipo de pessoa a que aspiramos nos tornar, por isso ela deve ser mobilizadora. Então, quando tudo parece desmoronar, o líder capaz de sustentar a clareza de sua visão conduz seus comandados com uma mão invisível que os orienta nas horas de crise. Essa clareza, segundo Blaine Lee (2005, p. 180), "pode ser decisiva na influência que temos sobre as pessoas e na boa vontade delas em nos seguir". Mais adiante, ele complementa com uma citação de Max D Pree: "A primeira função do líder é definir a realidade. Isso inclui não só o lugar para onde estamos indo, mas também por que vale a pena ir até lá".

Os *valores*, por sua vez, revelam como agiremos com clientes (internos e externos) para atingir nossas metas. Na prática, estabelecem atitudes e representam a bússola que respaldará nossa conduta e nossas decisões. Por isso, o líder tem o dever intransferível de gerir os valores, já que eles definem nossa disposição de conviver, de criar relacionamentos e atingir os objetivos. Liderar implica ser porta-voz desses valores, que também vão revelar sua índole e seu caráter. Assim, em vez de exigir o apoio e a anuência das pessoas, o líder conquista-as com seu caráter.

Quanto maior a distância entre o comportamento e os valores, maior o nível de estresse das equipes, pois as relações se deterioram e as aspirações coletivas esmorecem ou entram em conflito. Por essa razão, o grande desafio da liderança é transformar a empresa em um ambiente de educação para a vida e de desenvolvimento de pessoas. Desse modo elas entendem bem a diferença entre respeito e desrespeito, compromisso e omissão, entre justo e injusto, entre verdadeiro e desonesto. E elas vestem a camisa dos valores que traduzem a vida que querem para si.

Filosofia integrada

A COMUNICAÇÃO INTERNA, que utiliza ferramentas da comunicação institucional e mercadológica (endomarketing ou marketing direto), caminha paralela àquela que está presente em toda a organização. Urge, porém, que exista uma filosofia de comunicação integrada que aponte os melhores caminhos para que se cumpra a missão e a visão, o cultivo dos valores e os objetivos globais da empresa. Lembrando que todas as formas de comunicação são estratégias que se influenciam mutuamente.

Em diversos diagnósticos, a comunicação é percebida, sobretudo, em sua faceta formal: trata-se de canais que se apoiam apenas no sistema informatizado de repasse. O Departamento de Comunicação, por sua vez, é encarado como atividade-*fim* e não como atividade-*meio*. Em outras palavras, em vez de ser responsável pela intermediação do processo de informação, creditam-se a ele não apenas as decisões que o permeiam como toda a responsabilidade pelo processo de comunicação da empresa.

Isso faz que a comunicação cultural que compreende os climas internos fique sempre relegada ao segundo plano. Do mesmo modo, a comunicação gerencial, agravada em algumas esferas, denota ausência de comprometimento efetivo e isenção em assumir atitudes eficazes não apenas para consigo como para com a mensagem e o receptor. Falta, no mínimo, clareza na definição dos objetivos, a qual é reforçada tanto pela escassa capacidade de codificação/expressão quanto pela dificuldade de compreender o ambiente e lidar com a riqueza da diversidade.

O trabalho de comunicação fragmentado que reúne esforços individuais já não satisfaz. A comunicação integrada não pressupõe apenas abrir canais de diálogo produtivo: ela engloba um planejamento conjunto. De fato, a ideia da comunicação integrada se baseia, sobretudo, em coordenar as ações de comunicação para um impacto máximo, criando sinergia entre as mensagens e sintonia entre as pessoas.

Comprometimento voluntário

LIDERAR NÃO É DITAR comportamentos ou exigir obediência. Ser líder é agir como um educador, é refletir sobre a realidade e seus paradoxos, inspirando o real comprometimento. Em algumas ocasiões, porém, a autoridade hierárquica pode, ao contrário, suscitar obediência. Entretanto, mudanças profundas exigem compromisso voluntário. Afinal, ninguém deve forçar outra pessoa a cooperar. Para tanto, é necessário instaurar um clima de verdadeiro aprendizado que compreenda mudanças na forma de pensar e agir, bem como seja capaz de suscitar questionamento sobre as crenças e atitudes desejáveis.

O grande desafio é estar sempre inspirando líderes em todos os níveis que sejam capazes de aprender, desenvolver e compartilhar pontos de vista educativos. A grande virada acontece quando se é diligente na revitalização de valores que unificam os propósitos das equipes.

O primeiro passo é a honestidade para com nós mesmos. Identificar o que nos move, os nossos pontos fortes e fracos, a capacidade de nos submetermos continuamente às ações e decisões, ao crivo dos valores e princípios. Em síntese, responder a cada dia a pergunta: que líder queremos ser?

Introdução

Em vez de ser herói, aprender com os erros

QUANDO FALAMOS DE VIRTUDES e olhamos para nosso comportamento cotidiano, muitas vezes é evidente que nem sempre conseguimos incorporar alguns valores nas nossas atitudes. Ainda não somos tão corajosos quanto gostaríamos; talvez ainda não saibamos conviver com tanta pressão sem esmorecer a gestão de pessoas; quem sabe, ainda, não transpiremos o sentimento de equipe, de colaboração e generosidade genuínas.

Felizmente o líder não precisa ser um super-herói nem perseguir um ideal inatingível porque contrário à própria natureza humana, mas deve reconhecer o âmago do caráter, aquilo que o torna único. Isso compreende, igualmente, identificar os pontos vulneráveis e, sem se acomodar, aprender com os próprios erros. Implica ainda pedir ajuda quando necessário e se aproximar de pessoas que possam inspirá-lo.

Então, se eu for mais retraído, posso me aproximar de bons comunicadores e aprender com eles a ser mais leve nos meus relacionamentos. Se ainda não criei uma rotina de *feedback*, posso me aproximar de líderes que já incorporaram o diálogo como ferramenta gerencial e aprender com eles. Se eu ainda não tiver coragem suficiente para lutar por minha equipe, posso me aproximar de líderes mais arrojados e me inspirar na sua ousadia para saber como usar a vontade em prol dos demais. Se eu for do tipo relapso com as relações humanas, posso prestar atenção nas pessoas para aprender a conhecê-las e saber como me aproximar delas.

Além disso, dentro de cada um de nós estão os tesouros do nosso desenvolvimento. Toda aprendizagem que nos humanizou e nos impulsiona para adiante, para o vir a ser. À medida que o líder se apossa do autoconhecimento, ele dá um novo passo. É uma conquista diária.

A proposta

CONCORDO COM O PROFESSOR Blaine Lee (2005, p. 109): "Quando honramos as pessoas, nós as respeitamos, confiamos nelas, acreditamos nelas". A meu ver, a verdadeira missão da liderança é alicerçar-se no poder baseado em princípios que me permitem tornar-me digna de ser honrada. Assim, em consequência – e citando novamente Lee (p. 111) –, diante de líderes como esses as pessoas "se deixam inspirar por eles, acreditam nas metas comunicadas por eles; portanto, desejam ser liderados por eles de livre e espontânea vontade".

Porém, para que isso se concretize no ambiente profissional, o líder precisa ser uma pessoa honrada, capaz de manifestar virtudes e fidelidade às suas causas e crenças. Ou seja, antes de ser fiel a uma empresa, a questão é manter-se fiel a si mesmo. O desdobramento disso em todos os âmbitos da vida é decorrência natural de uma pessoa honrada.

Por essa razão, a proposta é reavivar e alinhar a tela de fundo que inspira a prática de valores. Realizei diversos diagnósticos, entrevistas reveladoras com líderes e *focus groups* com colaboradores de grandes empresas. Também fiz uma enquete com pessoas de 13 a 62 anos na avenida Paulista, em São Paulo. A ideia foi captar a fala espontânea dos transeuntes sobre os valores que importam no dia a dia. Além disso, ouvi consultores e profissionais da área de Recursos Humanos para entender seus olhares e percepções quanto ao que move as pessoas e configura a cultura orga-

Introdução

nizacional. Realizei dezenas de treinamentos com o tema "cultura e valores" e diversos encontros na **Casa da Comunicação**, regados a café e muita filosofia. Esse foi o jeito que encontrei para envolver as pessoas na missão interminável de disseminar a discussão sobre os valores.

Alguns depoimentos estão registrados e os nomes das pessoas foram omitidos devido à natureza do trabalho. Cito apenas, com a devida anuência, a doutora Gabriela Focante como um *case* de valor. Cada cliente é um acontecimento e tanto, tão precioso quanto um diamante que brilha em todos os cantos da **Casa**. Gabriela é exemplo desse tecer delicado e profundo, do cuidado extremo – compartilhado – na efetividade dos valores. Nossa parceria nos leva até hoje ao verdadeiro diálogo que enaltece nossa humanidade. Uma parceria construída como se em torno de uma fogueira. Com o tempo necessário para maturar, revisitar e somar as diferenças. Tempo de apostar na colaboração e na generosidade que tanto acalentam nossos sonhos de um mundo mais solidário, mais humano.

Reagrupei algumas virtudes maiores por considerá-las a força motriz de princípios adjacentes de igual relevância. A *justiça*, por exemplo, inspira a igualdade e a equidade. Do mesmo modo, as virtudes inspiram valores que funcionam como faróis porque iluminam a consciência para saber *por que* e *como agir*. Dito de outro modo, fazer o bem parte de uma premissa moral e ética. Nada que não se tenha aprendido no jardim de infância. Tudo aquilo que se deseja aos filhos: que sejam guiados por um código de conduta que será seu credo, responsável pela constituição do caráter ao longo da vida.

Assim vislumbro a liderança: homens e mulheres dotados de uma missão singular – ensinar e aprender continuamente. Lembrando a frase atribuída a Galileu Galilei: "Não se pode ensinar nada a um homem; pode-se apenas ajudá--lo a encontrar a resposta dentro de si mesmo". Tampouco se deve gritar para que as plantas cresçam, mas é possível favorecer seu crescimento. Segundo o professor Blaine Lee (2005, p. 126), isso significa "criar as condições que permitam que as pessoas desabrochem".

A arte da liderança implica honrar as pessoas e, por conseguinte, ser justo nas decisões, respeitando-as e contribuindo com a edificação de futuros líderes. Honrar a organização, pautando-se em referenciais sólidos sem se desviar do caminho. Jamais atingir metas a qualquer preço, mas submeter as decisões a esse conjunto de princípios. Inspirar as pessoas a demonstrar no cotidiano, em todas as ações, uma atitude ética. Enfim, minimizar o discurso vazio e se preocupar com a efetividade dos valores.

Este livro propõe uma série de questionamentos que auxiliem o desvendar das potencialidades para fazer valer os princípios éticos. Mas as palavras-chave são "introspecção" e "confronto com dilemas ético-morais". Isso significa também se despojar dos excessos conceituais ou das pompas, porque menos é mais. Com tanta revolução tecnológica, o homem continua almejando a simplicidade e o "olho no olho". Enfim, humanizar é o que interessa.

O jumento chinês

UM VELHO CAMPONÊS de Xian, muito pobre, tinha como única fortuna um jumento. Certo dia o animal fugiu. Todos os vizinhos lhe disseram: "Que desgraça!" O velho camponês respondeu: "Isso, não sei, não".

Introdução

Passados alguns dias, o jumento regressou com um garanhão. Todos exclamaram: "Que maravilha!" O camponês respondeu: "Isso, não sei, não".

Uma semana depois, o filho do camponês foi montar no garanhão e quebrou a perna. Todos exclamaram novamente: "Nossa, que desgraça!" O camponês respondeu: "Isso, não sei, não!"

O exército então passou pelo vilarejo e recrutou todos os jovens para a guerra. O único que permaneceu foi o filho do camponês, pois estava com a perna quebrada. Todo o vilarejo exclamou: "Que maravilha!" E o camponês respondeu: "Isso, não sei, não".

Moral da história: a realidade não importa, mas sim a ideia que fazemos dela. Em suma, interessa criar pontos de vista educativos e sermos capazes, continuamente, de examinar nossas experiências, sempre abertos às mudanças necessárias. Afinal, o essencial é a ideia que perseguimos, nossa capacidade de lançar sobre a realidade um novo olhar de descoberta a cada dia.

A cultura e os valores

Capítulo I

A cultura e os valores

Um *case* baseado em valores

UM BELO DIA, a doutora Gabriela Focante, gestora da saúde bucal, bateu à minha porta dizendo que tinha um sonho. Pareceu-me que estava necessitando muito mais de uma agência de comunicação do que da **Casa**. Então, falei da nossa *expertise* em desenvolvimento de liderança e em processos de imersão em criatividade, complementando com o conceito de comunicação integrada, certa de que meus parceiros poderiam atendê-la. Quando acabei minha explanação, ela perguntou: "Quando começamos?" Foi irresistível deparar com aqueles olhos ávidos de conhecimento e iniciamos um *coaching* que acabou incluindo, igualmente, assessoria de comunicação.

Devo admitir que é uma grande satisfação acompanhar de perto a concretização de um projeto da geração X – da qual Gabriela faz parte – que nasce do jeito certo: com tempo para maturar os processos e entregar à sociedade um projeto impecável no quesito liderança. Projeto que agrega o que mais importa: gestão dos valores.

Também me encanta a genialidade que nasce de um cuidador da área da saúde, preocupado em aliar à prevenção da saúde oral a disseminação da informação e do conhecimento a fim de que as pessoas participem coletivamente da edificação da qualidade de vida. Isso representa a generosidade no cuidar em todas as vertentes.

Os anos dedicados ao Serviço Social do Comércio (Sesc) influenciaram a carreira de Gabriela, conferindo-lhe o olhar acurado e reforçando a impecabilidade de perseguir o melhor. Ao dever de cuidadora somou-se o dever do serviço social: assegurar a excelência sob qualquer circunstância. Segundo suas palavras:

Por um lado, aprendi que os processos são difíceis não porque as coisas são difíceis, mas porque as pessoas dificultam-nas. Por outro, quando você extrai o melhor com pouco, descobre que a excelência, além de competência, depende da escolha anterior de servir, de cuidar das pessoas.

Vale enfatizar que o processo do *coaching* ganhou em profundidade quando Gabriela deparou com os valores pessoais e, por conseguinte, descobriu seu estilo próprio de liderar.

Na entrevista abaixo, a doutora Gabriela fala dos seus filhos Júlio e André para exemplificar essa descoberta.

Doutora Gabriela, fale um pouco sobre a confiança.
Para falar disso gosto de abordar o relacionamento com meus filhos. A confiança foi se estabelecendo entre nós porque eles sabem que vou me comprometer e fazer aquilo que disse. Então, eles têm certeza de que jamais vou dizer meias verdades, enfim, nunca vou mentir pra eles.

Onde entram os limites nesse sentimento de confiança?
Eles sabem que há limites claros entre o errado e o certo. Então, vou dar bronca sempre que necessário. Mas sou também a primeira a estimulá-los a perceber que podem fazer algo sozinhos. Se eles se machucarem, sempre estarei lá como um porto seguro, e eles sabem que vou cuidar deles se algo der errado a cada nova aventura. Essa clareza da confiança é o que importa.

Essa clareza tem que ver com respeito?
Confiança quer dizer também respeito, dedicação, amor, apoio e o reconhecimento do peculiar de cada um deles. Eu me orgulho da personalidade e da atitude deles. Sapecas e bagunceiros, eles são acima de tudo felizes. Emanam alegria, sorriem com os olhos. E todo mundo comenta como ambos são adoráveis. No entanto, eles não fazem nada para demonstrar isso. Eles são agradáveis porque

A cultura e os valores

sabem os limites. Então, há respeito. Eles são sinceros porque nossa relação é muito sincera.

São exaustivos os processos de autoavaliação a fim de assegurar que os valores que impulsionam e dão sentido à razão de ser de sua clínica/negócio sejam efetivamente incorporados na prática, como ela afirma:

No começo eu não sabia muito bem aonde o processo da **Casa** ia me levar. Quando percebi a importância dos valores, tudo começou a fazer sentido. Aí entendi que a única garantia de resultados sustentáveis é ser coerente comigo mesma. Apropriar-me do meu dizer. Meu maior desafio, então, é a gestão da minha equipe, perseguir sempre o melhor.

São os valores que começam no foro íntimo que inspiram e determinam a solidez da sua marca. Uma geração que confia tanto na tecnologia de ponta quanto na aptidão técnica. Além disso, é consciente do que importa: a humanização dos serviços. Há ainda o compromisso de construir relacionamentos significativos e ser coerente com os valores que impulsionam e dão sentido ao seu projeto de vida. O trabalho minucioso de sedimentar a atitude de qualidade e o cunho ético – o bem-estar das pessoas – também se destaca em todas as dimensões: comunicação integrada, relacionamento com parceiros, fornecedores e equipes.

Por um lado, tudo faz sentido sob a ótica dos valores; por outro, diante de cada ruído ou desconforto, nada se compara ao exercício árduo e corajoso de transformar o aprendizado mútuo em sabedoria de viver, ocupando a posição de líder e sendo, ao mesmo tempo, uma pessoa melhor. "No começo eu me sentia cobrada", disse um dia Gabriela.

A cultura e os valores

Foram sempre muito ricos tanto a expressão desses desconfortos quanto o cunho educativo que alicerçam até hoje nossa parceria. Agora ela faz perguntas incessantes de toda ordem, tentando genuinamente entender meu ponto de vista, não porque tenhamos de concordar sempre, mas porque ela compartilha a premissa do diálogo que respeita a individuação por meio dos nossos dizeres. Porque se apropriar das palavras é também contar uma história de valores.

Sinto-me lisonjeada por fazer parte da construção desse sonho que já virou realidade. E, assim, Gabriela colhe diariamente os frutos merecidos porque faz uma entrega efetiva e consistente, tal qual um jardineiro: ara a terra com avidez, semeia boa vontade e cultiva as flores com a leveza e a disciplina espontâneas de quem faz escolhas éticas. Seu foco em bem-estar, carregado de valores essenciais, é o que denomino de verdadeiro sucesso sem fronteiras.

O embate pessoal

ATUALMENTE, exaustivas campanhas internas de disseminação de valores acabam se emaranhando ao crescente fluxo de informações. Ninguém sabe sequer como administrar a proliferação de *inputs* de toda ordem. Os códigos de ética também permanecem como nebulosa normatização da conduta.

O tema "cultura *versus* valores" (pessoais e da empresa), que deveria ser motivo de análise e reflexão constante, ainda é muito incipiente. Aliás, as pessoas não conseguem discorrer sobre o assunto com desenvoltura e tendem a repetir o discurso organizacional. O *start* sempre acontece quando são convidadas a pensar para além do ambiente profissional

Reinventando a liderança 41

e a se lembrar da vida lá fora, ou seja, daquilo que realmente dá sentido à convivência e a ressignifica. Como afirmou um de meus alunos:

> Os valores serão sempre abstratos para o meu entendimento se não estiverem concretos dentro de mim. Como líder, eles precisam pulsar no meu âmago.

Há sempre um momento crucial em que as pessoas se desarmam e retomam o próprio fio da meada: *que vida eu quero ter? Como* faço minhas escolhas para definir *quem quero ser?* Nesse momento, durante o treinamento de gestão de valores, em vez de indagar sobre as expectativas dos participantes (para fugir das respostas padronizadas), pergunto: o que você quer levar desse treinamento? Vejamos algumas respostas:

> Quero entender as sutilezas dos conceitos, dos diferentes pontos de vista para fazer escolhas mais conscientes.

> Almejo identificar os gatilhos que me permitam resgatar os valores.

> Desejo encontrar o ponto de equilíbrio para praticar os valores.

> Quero saber como resgatar o respeito mútuo, o diálogo.

O primeiro passo é, sem dúvida alguma, o resgate dos próprios valores. Lembrar-se daquela pessoa inspiradora – que tanto pode ser a própria mãe quanto o Dalai-Lama –, alguém que nos dá um norte porque desenvolve em nós um sentido mais amplo de missão e de *como* nos relacionarmos para tornar nossa existência mais digna. Por isso, no final do treinamento vem a colheita. Vejamos o relato de alguns dos participantes:

Uma pessoa sem valores vivos não é um ser humano completo (com ele mesmo nem com a sociedade) e muito menos um líder!

A riqueza das histórias contadas pela turma, da pamonha ao almoço com a secretária, passando pelo empréstimo dos R$ 250, nos mostra que cada pessoa é única e carrega experiências e valores. Então, o que levo como lição desse treinamento é dar atenção especial a cada uma delas, como se cada momento fosse único (e de fato é).

A realidade, às vezes, pode nos propiciar, na mesma medida, o crescimento ou a perversidade, mas sempre nos proporcionará a sabedoria de viver. Assim, quando um novo funcionário chega à empresa e passa pelo período de aculturamento, vai se ajustando ao DNA da cultura organizacional, tendo maior ou menor clareza sobre como os valores – pessoais e da companhia – dialogam entre si. Ou seja, se valorizo o respeito, se trago histórias e situações que forjaram referências e massa crítica, por meio delas também sou capaz de filtrar cada experiência e de julgá-la respeitosa ou não.

Tendo vivido parte da minha juventude na França, aprendi que a pontualidade é sinal de respeito para com os demais. Em Barcelona, descobri que não aceitar a peculiaridade de uma cultura é a mais profunda manifestação de desrespeito. As grandes empresas também lidam diariamente com as questões interculturais.

Como trabalho na área de comércio exterior, enfrento alguns choques culturais por lidar com pessoas de vários países. Na China, a área comercial é levada muito a sério. Todo mundo trata de nunca errar nenhum documento, porque lá a pessoa paga do próprio bolso, pode ser demitida. Aqui, não. Então, como não ultrapassar os limites culturais? Para trabalhar é preciso entender até os rituais, entender profundamente como funciona o modelo mental do nosso interlocutor.

Mesmo no Brasil, quando se cai de paraquedas em uma empresa, percebe-se nitidamente que os valores têm pesos e medidas diferentes: de um lado, há a organização e seu código de ética; de outro, a interpretação de cada líder, que, por sua vez, também tem conduta e estilo próprios. Sem contar que cada pessoa chega com suas crenças e histórias e se adapta a padrões da organização que, muitas vezes, colidem com suas referências. O que me chama a atenção é a sensação de fazer vista grossa aos próprios valores como estratégia de sobrevivência, como percebemos no depoimento a seguir:

> Eu percebo que tenho faltado ao respeito comigo mesmo. Da mesma forma, devo estar desrespeitando todos os demais.

Por outro lado, o dinamismo das grandes corporações favorece o trânsito das pessoas em diversas áreas. Da mesma forma que cada líder tem um desempenho peculiar, cada departamento parece ter identidade própria. É como se a cultura de cada setor também se amoldasse ao perfil da liderança. Afinal, o líder é o catalisador do comportamento.

> No ano passado eu mudei de área e percebi que existe uma grande variação dentro da própria empresa. Hoje entendo o que é cultura, quais são os valores de cada setor, mas penso muito em qual é o modelo real, o que deve ser comum. O que deve ser empresa e o que é peculiar ao líder, porque vivemos um cenário em que os valores e a cultura em que estamos imersos estão completamente ligados aos valores do meu líder. O que não fica claro pra mim é a liga, como os valores conversam entre si e como essas diferentes culturas configuram o jeitão de ser da organização.

Quando um colaborador sente essa diferença de valores e de cultura entre cada departamento, não sabe bem se a questão tem que ver com o estilo de liderar, que obviamente é único – portanto distinto – ou com efetividade ou prática de valores:

Eu gostaria de entender um pouco mais em que medida os valores formam a cultura e a cultura afeta nossos valores. Uma coisa é a teoria, outra bem diferente é a prática. Como é que a gente enxerga e lida com isso? Se eu separar essas duas coisas fica difícil.

Pior: proliferam as críticas veladas e o assunto nunca é tratado com o devido cuidado. O líder, por exemplo, pode apresentar boas justificativas para o descumprimento dos horários e, por sua vez, os colaboradores podem entender que é "normal", ao passo que outros se sentem desrespeitados. De forma contraditória, a organização reforça a importância da diversidade na sua comunicação institucional enquanto os processos e o comportamento minam o peculiar por meio da cultura do medo ou da padronização excessiva.

Outro agravante, no caso das multinacionais, são as determinações globais impostas que colidem com os objetivos da unidade local. Nesse caso, as pessoas costumam abandonar projetos e nunca entendem as razões maiores das decisões estratégicas. O certo é que se sentem desrespeitadas porque muitas vezes inexiste clareza no repasse das informações e falta atenção no trato com as pessoas.

Em outras palavras, a lacuna entre o que as pessoas valorizam e o que se passa nos corredores da empresa evidencia que os valores organizacionais não são colocados em prática. Mais assustador ainda é o discurso institucionalizado dos mantras corporativos, que acaba caindo no vazio.

A cultura e os valores

O termômetro organizacional

A CULTURA DE UMA EMPRESA é percebida por meio de comportamentos guiados por valores positivos ou limitantes altamente contagiosos que energizam as pessoas ou, ao contrário, desestimulam-nas.

Em diversos diagnósticos, os colaboradores consideram o foco em resultados um dos pontos mais favoráveis e característicos da cultura. Diante do mundo globalizado e da competitividade acirrada, atingir/bater metas é objetivo constante. Subjaz um sentimento de orgulho de pertencer a equipes de alta *performance* que atendem às finalidades estratégicas. Paira, inegavelmente, uma profunda admiração por trabalhar em empresas vitoriosas e com pessoas comprometidas em "fazer acontecer".

Junto com isso, valoriza-se o foco em pessoas. Em muitos casos, este é entendido como a existência de planos de carreira vinculados aos processos de atração e retenção de talentos. Sólidos departamentos de RH disponibilizam as melhores ferramentas do mercado a fim de que os profissionais atinjam *performance* e resultados extraordinários. Nessa linha, sobressaem algumas críticas veladas porque a preocupação não é forçosamente com o bem-estar e com o desenvolvimento real de pessoas/lideranças.

Nosso RH tem excelentes ferramentas. O que falta é cuidar de pessoas.

Outro ponto importante, como já foi comentado, é o dinamismo das grandes corporações (mudanças de áreas/ unidades e/ou atividades), que possibilita desafios constantes, como se a cada diferente etapa o colaborador entrasse em uma nova empresa.

46 Renata Di Nizo

Em suma, é consenso que a única forma de garantir um lugar ao sol é desenvolver-se continuamente, em uma cultura ágil que promova a migração permanente, mesmo porque a nova geração não quer apenas ser desafiada: deseja também ascender na carreira. Assim, RHs estratégicos representam a cereja do bolo. Por fim, outro ponto forte de atração e retenção de talentos é a consistência de uma missão sólida que contemple projetos sociais voltados à sustentabilidade e ao exercício da cidadania.

A saia justa

AS ORGANIZAÇÕES percebem que os resultados da pesquisa de clima sempre apontam uma defasagem no que diz respeito ao alinhamento da liderança. Por isso elaboram constantes planos de ação voltados para a maneira de agir e de se comportar das lideranças.

Embora existam as especificidades de cada contexto cultural, as empresas têm em comum o mesmo desvio: ineficiência nos quesitos *feedback* e gestão de pessoas. Em quase todas elas não se compreende que os desvios e as insatisfações que incidem não apenas no clima organizacional como na vulnerabilidade da atração e retenção de talentos referem-se à não efetividade dos valores.

Visto que a demanda atual requer a melhoria da comunicação entre líderes e liderados, o mercado oferece uma gama enorme de treinamentos em técnicas de *feedback*. O objetivo é normatizar e padronizar condutas, mesmo porque se almeja em última instância melhorar os resultados da pesquisa de clima ou se arvorar de técnica para o momento da avaliação. O liderado, por sua vez, quer saber como se comportar para ser mais bem avaliado, enquanto o líder quer cumprir a tarefa seguindo um roteiro seguro.

Durante reuniões com Recursos Humanos, deixo muito claro que meu trabalho de comunicação é anterior às técnicas exaustivas de *feedback*: consiste em explicitar os motivos pelos quais o líder é o guardião dos valores e da cultura desejáveis. Em suma, se há uma base sólida de respeito entre as pessoas, existe diálogo. Logo, o foco não deveria estar nas regras e nas técnicas, mas no avivamento dos valores e no engajamento voluntário em praticá-los nos relacionamentos, portanto na comunicação.

Tendo clareza no dever de favorecer a comunicação dos líderes, a maneira pela qual se atinge esse objetivo tem que ver com a solidez de premissas éticas, das sínteses dos saberes e de uma metodologia que elucide, na prática, a missão de cada líder como representante da empresa.

A apologia da normatização

HÁ UMA NECESSIDADE recorrente dos clientes de normatizar o meu discurso de acordo com a cultura da empresa. Vivi uma tremenda saia justa na qual me foram enviadas, na véspera do evento, considerações e recomendações do time de Recursos Humanos sobre *quais assuntos* abordar e *como* tratá-los, com exigências minuciosas do passo a passo metodológico e conceitual de cada dinâmica. Foi hilariante: de um lado, havia o cliente com sua lista de conselhos, cuidadoso e preocupado em honrar seu compromisso com a organização e certificar-se de que a consultoria estava devidamente alinhada ao discurso deles; de outro, estava eu sentindo-me desrespeitada e, ao mesmo tempo, compreendendo que abrir mão do que tenho de mais genuíno era lançar por terra meus valores, a razão de ser da **Casa**. Diante disso, tive a seguinte conversa com o cliente:

Então, façamos o seguinte: você me acompanha dois dias em treinamento sem me fazer nenhum tipo de consideração. Vou fazer meu trabalho tendo em conta apenas o que tenho de melhor: minha transparência e espontaneidade, minha habilidade de agenciar um grupo com leveza e assertividade. Não vou me preocupar em agradar ou padronizar meu discurso. Vou honrar minha missão com o que sei fazer de melhor. Se no final você considerar que se equivocou de consultoria, ou que meu melhor não atende às suas necessidades, temos maturidade de sobra para esperar que você encontre outro profissional que se molde aos seus padrões. Eu não me moldo, mesmo porque quando vou a uma padaria e acho que o pão é salgado não peço os ingredientes da receita, simplesmente procuro outra que me agrade. Quero que fique ao meu lado, não como juiz ou algoz, mas como parceiro.

Depois dessa conversa, obviamente imaginei um velho amigo da área de Marketing dizendo: "Renata, você precisa de um contato de vendas que faça a intermediação". Mas eu não quero que transgridam a essência da nossa proposta e, confesso, mesmo com frio na barriga a cada vez, a maturidade já não me permite pecar pela falsa modéstia nem abrir mão da transparência para fechar um contrato. Mesmo porque, se uma empresa nos contrata, é porque precisa de ajuda, e nesse caso meu papel não é ser conivente nem agradar quem quer que seja com um discurso vazio. Meu lema é honrar o compromisso comigo mesma, sendo fiel aos meus princípios, e dar sempre o melhor que posso com excelência. Assim, a fidelidade para com meu cliente depende desse grau de coerência comigo mesma.

De fato, ajustar nosso autoconhecimento, a forma como lidamos com nossos valores, é uma excelente forma de diminuir o *gap* entre o que somos e o que queremos ser. Nossa atitude na empresa é uma consequência de nós mesmos.

Entendi de forma prática e simples a importância de refletir sobre os valores pessoais e os da cultura organizacional e como desenvolvê-los no dia a dia, procurando o bem-estar das equipes.

Levo comigo a importância de agir com sinceridade e generosidade em todas as situações, fazendo que o respeito esteja sempre presente.

O mais marcante pra mim foram as reflexões sobre generosidade, como agir no dia a dia com o pensamento no outro, a importância de ser você mesmo sem jamais ultrapassar o limite do outro e sem perder sua essência. Acima de tudo, buscar coerência entre seus valores e objetivos de vida.

Os depoimentos acima foram colhidos em treinamentos carregados de generosidade e muita reflexão. Meu cliente não quis mudar de padaria e nossa união tornou-se um exemplo daquilo em que acredito: a diversidade jamais deve solapar a unidade, e a transparência do diálogo abre portas para parcerias que movem montanhas.

A negligência dos valores

Quando se analisam processos de liderança na maioria das organizações, o que salta aos olhos é a excessiva necessidade de normatização sem que haja de fato um engajamento voluntário aberto à transparência do diálogo, respaldado por princípios maiores que definem que tipo de líder se deseja ser.

A cultura e os valores

Sem contar que o diálogo parece uma tarefa estanque que espreme o líder em meio a tantas outras atividades, sempre consideradas mais relevantes e prioritárias porque relacionadas às metas.

É indiscutível que atingi-las (aproveito para lembrar que *atingimento* de metas é uma impropriedade da língua portuguesa) é um propósito constante. O que fica em segundo plano é o *como*, algo que tem que ver com os valores e com a necessária rede de interdependência entre equipes, que são responsáveis tanto pelo sucesso quanto pelo fracasso. Não prestar atenção nelas e na qualidade da convivência de seus membros é negligenciar claramente o bem-estar das pessoas.

Alcançada uma meta, surgem desafios maiores e não há tempo de comemorar as pequenas vitórias, ajustar os descompassos e fomentar uma visão clara e inspiradora que solidifique a rede de colaboração. As pessoas ficam sem saber se a falta de retorno é um traço cultural da empresa ou se o desempenho delas está aquém do desejado. As expectativas e incertezas são jogadas à mesa na avaliação anual. Se alguém é bem avaliado, por justa causa ou não, a falta de clareza nos critérios e a pouca importância dada ao desenvolvimento das pessoas acabam fomentando as fofocas de corredor. Às vezes, um colaborador de ética duvidosa é premiado e ascende na carreira por questões estratégicas, deixando todos sem saber se devem considerá-lo um vilão ou uma referência. No fundo, há um pensamento recorrente pouco expresso que diz mais ou menos assim: se esse é o preço a pagar para trabalhar aqui, será que vale a pena?

O pouco tempo dedicado à reflexão, entre a pressa e a urgência, faz que se percam espaços que deveriam ser consagrados a maturar a valorização do capital humano e social, o crescimento coletivo e individual. Metaforicamente, falta sentar-se em torno da fogueira para um dedo de prosa. O famigerado *feedback* é um momento de inspiração e aprendizagem. É nesse instante tão delicado que se faz valer o respeito mútuo em todas as dimensões: da dignidade até o desenvolvimento e a prática da generosidade sem fronteiras.

Afinal, apontar *gaps*, vulnerabilidades e dissonâncias demanda uma abordagem generosa que transborde sensibilidade, respeito e apreço profundo pela diversidade que não solapa o peculiar, missão a ser honrada por todos.

Comportamentos nocivos

Os COMPORTAMENTOS PERNICIOSOS, por sua vez, responsáveis tanto pela energia dispensada na improdutividade como pela decorrente insatisfação das pessoas, são fruto da não conformidade aos valores organizacionais – que, por sua vez, reforçam a desordem ou a imprevisibilidade.

Esses valores maléficos, peculiares a cada organização, podem ser oriundos, por exemplo, de uma cultura interna baseada no medo. Você nunca sabe se está agradando e procura moldar sua conduta ou usar subterfúgios e delongas, visando ser bem avaliado. Um zelo inibidor da criatividade e da iniciativa, manifestado ora por receio de errar e se arriscar, ora por excessivas padronizações que acabam com a riqueza da diversidade.

Um bom exemplo é a tentativa de controle que salta aos olhos quando, por exemplo, o RH cria uma rotina de supervisão em treinamentos não com o intuito de somar, mas sob o disfarce do zelo pela qualidade; uma atitude que procura interferir ou enquadrar a didática e o jeito tão peculiar com o qual cada consultor conduz seu trabalho.

A cultura e os valores

Durante a realização de eventos, por exemplo, é sempre uma saia justa lidar com a cultura do PowerPoint. "Você pode nos enviar sua apresentação?" é a premissa básica. Mesmo entendendo que as pessoas, em geral, precisam de apoio visual para explanações teóricas, meu intuito é sempre, em debate permanente, ensejar reflexões profundas; portanto, o apoio real é o engajamento voluntário de cada um ao longo do processo de compartilhar experiências. Daí que os conceitos não são partes isoladas do processo, mas alinhavam o aprendizado do grupo, dando corpo ou sentido às descobertas e percepções. O desconforto quando da minha recusa em usar eslaides é sempre minimizado pelo dinamismo das atividades. Contudo, mesmo as empresas que enfatizam a importância da diversidade resistem ao diferente, o que não deixa de ser uma forma de exclusão. Esquecem-se, no dia a dia, que ser diferente não é apenas bom: é muito melhor.

Reparem no retorno do público:

O que impressionou mesmo foi o diferencial desse treinamento sem PowerPoint. Isso sim é respeito, porque estamos o tempo todo interagindo uns com os outros.

Fala sério, ninguém aguenta mais esse formato expositivo. O legal do nosso dia foi justamente nenhum eslaide.

Já que minha metodologia prevê, em essência, um diálogo sempre aberto, norteado por sólidos valores, é nítida a tendência inicial dos participantes de permanecer na zona de conforto do discurso superficial que denota falta de integridade ou displicência na prática dos valores. As afirmações dizem uma coisa enquanto, na prática, as ações são outras, porque são evidentes as discordâncias e o gasto de energia para expressar uma falsa concordância. De maneira velada,

Reinventando a liderança 53

A cultura e os valores

persiste, por vezes, a sensação de que ser transparente é entendido como ser reativo:

> O mais importante desse treinamento foi sair da superficialidade do cotidiano e nos aprofundarmos em questões tão essenciais: o autoconhecimento, nosso relacionamento com os demais e com a empresa, nossos valores e a ética. Levo daqui um desejo maior de autorreflexão e de incorporar a generosidade no meu dia a dia.

Eu não atiro em você e você não atira em mim. Então, essa mania de concordar e fazer conchavos furta da jovem liderança a aprendizagem tão essencial do confronto produtivo de ideias.

> Se você não concorda e manifesta a discordância, acaba sendo avaliado como reativo, então conclui que deve sempre concordar com os demais.

Outro valor indesejável que impregna algumas organizações é justamente a complacência ou atenuação da gravidade de uma falta:

> O respeito aqui é um valor muito importante. Só há desrespeito nas horas de estresse, o que é muito compreensível.

> O ambiente informal favorece a flexibilidade, então o próprio líder chega atrasado à reunião, mas essa é uma marca da companhia.

Em comum, parece que a primeira década do século XXI reforçou tanto o foco em resultados que as empresas esqueceram ou fazem vista grossa em relação a *como* alcançá-los. Isso amortece os alicerces dos resultados sustentáveis. Ou seja, fazer tudo muito corrido e privilegiar, por um lado, tanto o individualismo a toda prova quanto a visibilidade ostensiva na ascensão da carreira (carreirismo) e, por outro, o crescimento em curto prazo, sem consagrar tempo à maturação dos processos e do cuidado com o que realmente importa: as pessoas.

Eu tenho diretor fazendo trabalho de gerente geral, gerente-geral fazendo trabalho de gerente, gerente fazendo trabalho de especialista. Ele é um analista pleno *plus*, mas espera-se dele uma entrega de sênior. Os "carregadores de piano" acabam indo embora... Se minha casa não é bem limpa e organizada, não consigo crescer de maneira sustentável.

Uma pena perceber que os líderes estão mais preocupados em "sair bem na fita", em fazer um bom currículo pra se vender no mercado. O eu é mais importante que o coletivo. O efeito disso é que as pessoas não veem essa liderança como modelo.

Em decorrência do frenesi da carreira, o discurso da qualidade de vida cai no vazio diante da valorização das horas excessivas de trabalho. E, claro, a justificativa recorrente da falta de tempo deixa a gestão das pessoas e dos processos de comunicação sempre em defasagem, fator que aumenta a insegurança e reforça a desconfiança e a burocracia – sistemas de controle excessivo –, ou seja, a cultura do medo.

Também há falta de foco em várias frentes, que se traduzem em supervalorização do curto prazo, indisciplina permissiva e dispersão ou confusão, indulgência na gestão de prioridades/planejamento ou no repasse de diretrizes etc.

Existe ainda uma não conformidade ao culto da vaidade ou exagerada autoimportância, com demonstrações de arrogância em decisões repentinas (o tal "posso tudo"). Tal supervalorização da imagem implica tanto superficialidade (pois ali moram críticas veladas) quanto endeusamento do *status*, privilegiando-se desvios de conduta que vão da omissão à repetição de erros.

Em consequência, é evidente a confusão conceitual entre o que é desvio de rota e conduta permissiva – esta última considerada uma característica da cultura interna. Por outro lado, as dinâmicas/os processos de comunicação criam barreiras à transparência, tanto da expressão quanto do diálogo de mão dupla. Em síntese, os valores limitantes impedem a efetividade dos valores organizacionais. Ou seja, falta entendimento teórico e vivencial sobre os valores.

Nesse sentido, o termômetro que configura a cultura da empresa é justamente a prática dos valores. Cabe, assim, não apenas fortalecer os positivos como, ao mesmo tempo, dissolver e minimizar os limitantes que impedem a efetividade dos princípios organizacionais.

Outro ponto relevante para equipes e líderes é a capacidade de transformar a comunicação em ferramenta estratégica a fim de maximizar resultados. É bom lembrar, contudo, que o desafio maior é, por meio do diálogo, possibilitar a convergência de valores e objetivos que compreenda, entre outros fatores, o entendimento da missão e da interdependência das áreas.

Por outro lado, há concordância quanto à necessidade de diretrizes evidentes e transparência em todas as formas de comunicação. A atitude dialogadora da liderança deve, assim, permear a clareza na definição de propósitos e de metas, garantindo o eficiente repasse de informações/direcionamentos da diretoria.

Vale atenção redobrada para identificar os aspectos que interferem na produtividade, propondo ações que evitem ou minimizem o padrão organizacional do retrabalho e implementando, acima de tudo, a assertividade do planejamento.

Há um agravante desse quadro. Como já vimos, a ênfase atribuída particularmente às metas se transforma, muitas vezes, em justificativa para descumprir os altos padrões de desempenho exigidos. É como se, em momentos de pressão ou estresse, atingi-las fosse fonte de alimento individual ou coletivo, fato que leva à perda de foco da visão da empresa como um todo. Em consequência, perde-se também a perspectiva mais ampla da cultura que deveria estar alinhada aos valores que fortalecem as relações e, portanto, norteiam atitudes e decisões.

Dessa ótica, ainda que as pessoas sintam fazer parte de uma empresa vencedora, dinâmica e ágil, há de se ter o cuidado de inspirar e mobilizar as equipes com metas desafiadoras, sobretudo com foco na excelência dos resultados. Sem perder de vista que se creditam às metas utópicas ou inalcançáveis o maior desgaste e a frustração das equipes, algo que, por sua vez, fomenta – ao contrário do esperado – um sentimento permanente de fracasso.

Uma vez constatados os desvios de rota, é importante ressaltar que muitas vezes, no afã de atender ao que a empresa espera do colaborador no que se refere à prática de valores, há uma dispersão de prioridades e uma tendência a reproduzir padrões, sem questionamento e entendimento reais.

O exemplo mais tangível de desconforto e críticas é o desrespeito, sempre nomeado como um dos maiores fatores de desmotivação das equipes. Embora cada pessoa tenha um entendimento muito particular do que considera falta de respeito, a maioria aponta tanto a ausência de *feedback* ou falta de clareza da liderança quanto a inexistência de cuidado com o bem-estar das pessoas como os pontos nevrálgicos do descaso.

Diante disso, o real desafio da liderança é promover uma profunda revisão de tudo que retrata e aviva sua cultura, revisitando os relacionamentos e compartilhando a responsabilidade pela qualidade da comunicação. Do contrário, corre-se o risco de se perder a perspectiva ética.

RHs e consultorias à mesa

É CLARO QUE NÃO poderia deixar de existir um bate-papo com o setor de Recursos Humanos, responsável direto pelo agenciamento e interface entre o capital humano e social das empresas. Por outro lado, a visão externa dos consultores em treinamento e desenvolvimento (T&D) também é uma valiosa contribuição, visto que eles estão incessantemente lidando com diferentes culturas, cujos aspectos podem ser peculiares ou universais.

A análise a seguir, assim como meu trabalho de diagnóstico, foi orientada por um roteiro que contempla os quesitos comportamentais de cada cultura, bem como valores considerados nocivos no ambiente organizacional. Além disso, analiso as consequências dos *gaps* entre valores pessoais e específicos da empresa, pedindo aos participantes que apontem os valores considerados essenciais no processo de autorrealização profissional.

À primeira pergunta, "O que salta aos olhos como comportamento representativo do DNA das empresas?", as respostas espontâneas apontaram o foco em resultados e a falta de integração entre equipes:

Acho que uma das características mais marcantes é o foco em resultados.

Outro ponto importante é a torre de babel. Cada um faz sua parte em um projeto e não sabe do todo. Eles acham que estão fazendo bonito.

Isso me lembra da ponte que estavam construindo. Eu passava pelo centro empresarial e via que as duas pontes não iam se encontrar. De fato, elas não se encontraram e tiveram de derrubar um pedaço da obra. Será que ninguém está vendo?

Outro ponto levantado foi o viés político no trato com as pessoas e a confusão entre os valores, considerados peculiares e extensivos às distintas culturas.

Eu destacaria o "jeitinho brasileiro", que tem a ver com a politicagem que influencia as pessoas. Fica nítida a importância dos relacionamentos, tanto para o bem, quanto para o mal.

É a casa da mãe joana. Ele é meu amigo, vai lá e você resolve. A própria hierarquia não respeita os papéis e as responsabilidades. Então há um conflito entre pares. Prevalece o "vou fazer do meu jeito" e o que importa é o relacionamento, que se sobrepõe às competências. Falta mesmo, da parte dos gestores, um comportamento ético e profissional.

Há uma confusão entre o que é meu valor como líder, como gestor, como presidente. Isso vem de berço, como se as pessoas precisassem aprender coisas básicas. E aí há uma mistura entre o que é valor espiritual, crenças pessoais e o valor profissional. Há uma grande distorção na mente das pessoas. Como isso não está claro, então vale a minha ótica na regra do jogo. Não existe um nivelamento. Eu trato as pessoas com o poder – porque meu valor permite isso – ou com a submissão. Não percebo uma relação de igualdade, em que tudo tem que ser bom para todo mundo. Na minha leitura, falta até mesmo entendimento do que é respeito humano. Se eu não me respeito, como vou respeitar os demais? É evidente que não vou conseguir ser generoso com você.

No que se refere à prática da generosidade como valor individual, segundo alguns entrevistados – tanto RHs como consultores –, há uma distorção entre o que é aceitável ou não. Para eles, os fortes jogos de poder incitam a competição e a agressividade. Por isso, generosidade demais não é cabível no ambiente de trabalho.

Existe uma crítica velada ao profissional que expressa generosidade. Parece meio piegas. Nas avaliações, essa pessoa entra como passiva ou generosa demais porque falta a ela esse tanto de agressividade, de competitividade, porque existe um jogo de poder muito grande.

Nesse grande jogo de poder, se você se mantém muito generoso ou amoroso, querendo estabelecer relações sustentáveis, não tem muito espaço. Então, como RH, só consigo agir assim no plano individual, porque se isso ficar muito forte eu tomo umas bordoadas, como já tomei.

Os entrevistados foram unânimes em apontar que os jogos de poder e a falta de exemplos na efetividade dos valores se iniciam na alta administração.

A disseminação dos valores é prioridade da diretoria para a qual trabalho. Os valores da empresa ressoam no meu coração. Eu acredito neles, mas por mais que haja disseminação em todo o planejamento, eles permanecem meio descolados dos empregados, mesmo nas diversas categorias e, sobretudo, na alta administração.

Tenho a sensação de que, quanto mais subimos, mais nos aproximamos do lixo. Começa a haver um descolamento forte na alta cúpula em função dos jogos de poder que acabam colocando a miséria humana à disposição do *status*, do poder e do dinheiro.

Segundo o olhar dos entrevistados, a inversão dos valores, privilegiando *status* e poder, envia uma mensagem de descolamento da alta liderança em relação aos valores da companhia. Nesse sentido, a falta de meritocracia, ou seja, a ascensão de alguns líderes com comportamentos nocivos, representa também a ascensão de maus exemplos que corroboram a não efetividade dos valores organizacionais.

Na percepção dos RHs, o grande desafio é conviver com comportamentos que fogem da trilha ética e, ao mesmo tempo, motivar as pessoas e dar a elas respostas que colocam em xeque a integridade da própria liderança.

> É injusto o trabalho que o RH faz de ficar segurando, represando, criando uma blindagem da gestão pra proteger o grande público. Então, você tem que continuar motivando as pessoas para que elas sejam mais éticas, mas é muito difícil porque a gente lida com comportamentos superficiais que dão margem à confusão. Sem contar que o funcionário vem nos questionar os porquês. E você fica numa tremenda saia justa.

Quando os entrevistados foram convidados a priorizar os comportamentos por ordem de importância, não houve concordância porque alguns apontavam o foco em resultados como característica preponderante, enquanto outros julgavam-no somente uma justificativa racional do que jaz subjacente, ou seja, os jogos de poder.

A cultura e os valores

Em suma, os valores acabaram sendo priorizados da seguinte forma:

1. Jogos e abusos de poder e competitividade entre equipes/colaboradores.
2. Confusão de valores: vale tudo.
3. Jeitinho brasileiro, politicagem e torre de babel.
4. Foco em resultados.

Acho que o foco em resultados é o último da lista. Os jogos de poder estão acima de tudo.

O foco em resultados é a justificativa para os jogos de poder.

A empresa pode ter um conjunto de valores muito bem definidos e, mesmo assim, a politicagem correr solta. Eles ficam na parede.

Acho que o problema é a confusão de valores no mundo em que a gente vive, porque se eles não estão bem definidos você fica sem bússola. Sem contar que é preciso discernir o valor da empresa daquele do indivíduo.

Contudo, alguns participantes foram enfáticos ao considerar o foco em resultados a premissa norteadora das grandes organizações. Para eles, mesmo que haja dissonância entre os valores (pessoais ou empresariais), desde que se apresentem resultados, o colaborador garante sua ascensão na carreira.

Na iniciativa privada, o lucro é a regra. Você precisa de um negócio lucrativo que se sustente. Minha impressão é de que o foco em resultados é permissivo a tudo, inclusive a esse jogo do poder abusivo, significando competitividade e permissividade pra puxar seu tapete. Tem gente que aplica esse conceito da soberania do resultado e deixa um rastro de sangue e de perda de talentos.

Na minha percepção, os valores, o exercício do poder, que líder sou eu, até que ponto estou facilitando ou não o desenvolvimento das pessoas, essas questões são todas paralelas e só dizem respeito a pessoas sensíveis. Porque o que importa é que você traga resultado. Então, mesmo que na pesquisa de clima você tenha uma péssima avaliação, no quesito gestão de pessoas, se você trouxe excelentes resultados, acaba sendo promovido. Todo o resto vem depois.

Dois participantes, por motivos diversos, consideram que, devido às peculiaridades das empresas nas quais trabalham, a questão dos resultados está em segundo plano:

Na empresa em que estou agora não há processos e procedimentos e nunca houve uma linguagem de resultados, mas acontece tudo isso que a gente está falando: política, desrespeito. As ações não se encontram e o que rola é: vá apagar incêndio pra atender político. Então, mesmo sem linguagem de resultados, você percebe o descomprometimento.

No meu caso, a empresa, durante muitas décadas, não teve concorrência e o foco nunca foi resultado. Então, esse jogo de poder não vem de agora, ele existe há muito tempo.

Outro ponto que ecoou no grupo é a paixão pelos produtos ou o orgulho pela marca que cria um forte senso de pertencimento. Segundo os entrevistados, ainda assim, os prejuízos são consideráveis para o ambiente organizacional quando existem lacunas decorrentes da não efetividade dos valores.

O orgulho do produto traz uma sensação bem bacana do pertencer, mas mesmo assim existe um descolamento. Venho de uma empresa com produtos apaixonantes, líder no mercado, mas apesar da paixão [gerada] pelo produto, os valores se perdem. Na empresa anterior eu também vi o mesmo fenômeno, a paixão pelo produto e a não conformidade ou a efetividade de valores.

Nessa linha, discutiu-se também a dificuldade de as pessoas mensurarem o *gap* entre valores pessoais e organizacionais. Mesmo que haja um forte orgulho sustentando seu engajamento na organização, para alguns entrevistados, os valores se traduzem em alma; portanto, se a sua alma não está em coerência com a alma da empresa, há um conflito considerado insustentável.

Também venho de empresas nas quais o orgulho pelo produto ou pelos serviços era a liga não somente entre os colaboradores, mas no mercado. Porém, se as pessoas soubessem o que rola nos bastidores, nunca iam querer comprar o produto. Se eu, que abomino o cigarro, fosse chamado pra trabalhar em uma empresa de cigarros, não aceitaria o emprego nem por todo o dinheiro do mundo. Em um primeiro momento, o salário até poderia me satisfazer, mas depois eu começaria a questionar: o que estou fazendo aqui? Então, quando você tem um produto muito forte, muitas vezes você se mantém na empresa por conta desse orgulho, mas se existe um conflito em seus valores pessoais isso não é sustentável.

A forte premissa do foco em resultados, para a maioria deles, passa a permear todo o resto.

Se você está em uma empresa de alta *performance*, o que se espera é gente entregando resultados e ponto.

Foi aventada também a hipótese de que o foco em pessoas representa uma alavanca voltada para a entrega de resultados.

O tal foco em pessoas funciona assim: estou em uma empresa que investe em mim, mas, claro, faz isso para que eu entregue resultado, não porque se preocupam com meu desenvolvimento, com a qualidade do clima organizacional ou com a troca entre as pessoas ou clientes.

Segundo os entrevistados, a pressão por resultados "a qualquer custo" reforça o conceito de que tudo que é pessoal ou emocional deve ficar fora do ambiente de trabalho. Para a maioria, em decorrência disso, cria-se um abismo existencial que facilita abrir mão dos valores pessoais em prol do sucesso da carreira.

Aquele que deseja aparentar ser um líder implacável precisa aprisionar seu lado mais humano. Então, as pessoas foram treinadas para acreditar que dentro da empresa não cabe a emoção. Não há espaço para o menor lampejo de consciência porque isso amedronta... O que acontece com a mulher quando chega ao mercado de trabalho? Ela endurece.

A pessoa que diz "Eu não posso ser" acaba pecando pelo excesso de racionalidade, que é uma patologia emocional. Aquelas dotadas de fortes valores, ao contrário, conseguem tomar decisões emocionais e ainda assim mantêm um lado racional plugado nos resultados.

Os CEOs ou presidentes que chegam vestidos em ternos Giorgio Armani, usando perfume francês, ganhando 70 ou 80 pilas por mês, dizem assim: "Lutei a vida inteira pra chegar aqui, mas aqui não é onde eu quero estar". Eles foram levados

A cultura e os valores

pela racionalidade e nunca pararam para refletir se aquela era a vida que queriam ter. Se você abrir mão dos seus valores, a vida, cedo ou tarde, vai lhe cobrar um alto preço.

Houve consenso de que o foco em resultados funciona como norteador da confusão dos valores.

Acho que o foco em resultados é o que doutrina as pessoas e, em decorrência, acaba gerando competitividade, jogos de poder, carreirismo.

Uma agravante da inversão dos valores é sobrepor o dinheiro e o *status* à vida pessoal. A família acaba ficando em segundo plano e a relação com as pessoas é utilitária porque o outro serve ou não aos seus propósitos.

Existe uma diferença muito clara no ambiente corporativo. Há aquele que tem um enorme poder dentro da empresa e termina em algum momento questionando o sentido da vida. Se ele ascendeu na carreira e está nadando em dinheiro, perdeu a vida dos filhos e da esposa porque não dedicou tempo aos relacionamentos. Mas existem também aqueles que se mantêm e não arredam pé dessa racionalidade pra continuar se justificando. Para eles, a sensibilidade aparece em um curto período porque o poder os preenche de tal maneira que vira um vício enorme e não lhes dá espaço pra se humanizar.

O outro simplesmente não existe. Quando um desses altos executivos sai de férias ou a negócios, ele até liga para a família, não porque isso importe realmente, mas porque sobra tempo e ele não sabe o que fazer dele. Depois engrena outra vez no trabalho e as demais pessoas passam a ser figurantes. Sim, é como se nada existisse além dele mesmo. O cara ignora os outros a tal ponto que passa por você como se você fosse transparente.

A cultura e os valores

O grande questionamento dos participantes foi se o foco em resultados seria uma justificativa, uma elaboração do discurso alinhada a comportamentos que têm como base o jogo de poder inato.

Acredito que o jogo de poder é uma característica que aparece em qualquer circunstância, em uma empresa e até mesmo nas relações de amizade.

A maneira por meio da qual buscamos o poder muda. A busca do poder nos Estados Unidos ou no Butão é bem diferente. O significado em cada uma dessas culturas é bastante diverso.

Para mim, a busca pelo poder continua sendo uma questão intrínseca ao ser humano que permeia tudo.

Outra vertente do foco em resultados é aparentar a todo custo estar comprometido, mesmo que isso signifique "fazer de conta", uma vez que o grupo pode valorizar, por exemplo, as horas extras e, por conseguinte, criticar a pessoa que saia cedo do trabalho.

Tem gente que consegue até produzir mais e em menos tempo, tem alta *performance*. Mas eles me dizem o seguinte: "Tenho vergonha de sair da empresa às 18h. Fiz tudo que precisava, respondi meus e-mails, dei conta dos meus projetos, só que se eu sair às 18h o grupo vai achar que é sinal de incompetência ou de falta de comprometimento, você sai mal na fita. Então, eu fico disfarçando no meu computador pra ver se meu chefe vai antes de mim". Ou seja, às vezes o funcionário já ofereceu o resultado, já cumpriu a meta, mas, de maneira velada ou não, ele precisa fazer uma *mise en scène*, porque a cultura exige que ele aparente ser mais produtivo ainda.

Para um dos entrevistados, o uso adequado ou não do poder é decorrência da priorização individual que cada um faz dos próprios valores. Ou seja, aquilo que considera essencial na construção do seu caráter e baliza ou equaciona seu comportamento.

O mais complicado no ambiente organizacional é a confusão dos valores. Diante da busca do poder, se eu não tenho valores pessoais claros, acabo me perdendo.

Quando meu valor é claro, mesmo que eu me defronte com a questão do poder latente, o caminho que vou seguir será norteado por meus valores e não pelos da empresa ou por qualquer desvio de rota.

A empresa mede resultados técnicos, portanto o valor pessoal fica sempre em segundo plano. Mas por que os valores das empresas são tão confusos? A busca pelo poder fala mais alto. Então, o que acaba valendo na hora dos dilemas são os valores velados que se sobrepõem aos organizacionais.

À medida que a discussão vai se afunilando, entre os comportamentos considerados característicos das empresas subjaz o *gap* não apenas entre os valores pessoais e os da companhia, como também entre a efetividade dos valores organizacionais e aqueles, nocivos, que representam a cultura vigente. Segundo a percepção dos entrevistados, o que falta mesmo é integridade, ou seja, coerência entre o discurso e a prática.

O que falta mesmo é a necessária coerência entre fala e atitude.

Eu chamo de fios invisíveis que ligam as pessoas, é uma trama que não está explícita, mas precisa ser obedecida. As pessoas estão deslocadas dos seus valores, seguindo comportamentos ditados pela cultura organizacional que, muitas vezes, nada têm que ver com os valores da empresa.

Estamos falando de um paradoxo – que não aparece só nas empresas – entre o discurso e a prática. Dizemos ser éticos e diante da primeira oportunidade escapamos e estacionamos em lugar proibido, avançamos o sinal vermelho, desrespeitamos alguém que tem uma opinião diferente da nossa. Isso acontece também nas empresas. Elas têm um discurso, valores muito claros, expressos e desenhados, investiram grana, contratam gente, mas a prática diz outra coisa.

Ainda no tocante à não efetividade dos valores, os entrevistados concordaram que o ponto neurálgico é, sem dúvida, o indivíduo que faz uma escolha, ética ou não.

Sempre me lembro do Dalai-Lama quando diz que ser ético é fazer o que tem de ser feito, mesmo que não tenha ninguém olhando.

Você não faz para os outros, e sim pra você, porque em primeira e em última instância o outro somos nós mesmos.

Existencialmente, o que vem primeiro é saber quem você quer ser. Mas uma empresa é constituída de indivíduos, que têm suas crenças e valores. Então, a gente fala de sustentabilidade do planeta, mas não fala do ser humano – que também é uma dimensão da responsabilidade das empresas. Se não prestarmos atenção, acabamos criando monstros.

Houve consenso sobre a ambição do poder impulsionar conchavos ou resultados a qualquer preço.

A cultura e os valores

> Tem gente que não está preocupada com resultados, mas ainda assim se mantém no poder e faz tudo para permanecer lá. Há aqueles que não apresentam resultados, mas permanecem na empresa por conta dos conchavos e do apadrinhamento. E aqueles que fazem politicagem e entregam resultados.
>
> Pior: ele vai atingir resultados com ou sem ética, até mesmo manipulando dados. A alta administração está preocupada com números e não em como tais resultados foram alcançados.

Nesse sentido, os valores nocivos são intrínsecos aos jogos de poder. Esse problema é agravado, sempre segundo os entrevistados, quando os valores são estanques e inexiste uma real preocupação com a qualidade das relações ou da convivência.

> Eu vinha de uma empresa que tem um concorrente mundial gigantesco, cujo foco era inove, faça muito mais. Fazia pouco tempo que eu tinha sido contratado e era o mais novo da equipe. A atual empresa não tinha problemas de concorrência, bem ao contrário. Em um café da manhã com gerentes e RHs, apresentei a questão da soberania. Afirmei que as pessoas tinham um sentimento de soberania, ou seja, não precisamos mudar porque somos ótimos. Então, por mais que se levante a bandeira do foco em pessoas, eu percebo que os valores ficam em segundo plano... Enquanto o presidente tem um discurso impecável, o que você enxerga nos bastidores é um abuso de poder, de conchavos para manter o *status* ou para galgar posições a qualquer preço.

Para um dos entrevistados, o que falta mesmo é espaço para as pessoas pensarem, como se a resistência às mudanças impedisse o desabrochar tanto das pessoas quanto das potencialidades da própria empresa.

Conheço algumas organizações que são líderes no segmento e não têm uma concorrência expressiva. É muito difícil, dentro dessas organizações, dizer que a mudança é necessária. Sempre deu certo, por que mudar? Mas, se você pega alguém interessado em pensar em médio e longo prazo na organização, você analisa até que ponto isso é perene. Você analisa também o resultado *versus* o potencial do resultado que surgiria se as pessoas tivessem espaço para pensar. Então, quando alguns organismos começam a mudar, é como se eles projetassem as potencialidades da companhia se ela mudasse de comportamento.

Outro ponto levantado como valor nocivo diz respeito à postura das organizações no quesito sustentabilidade. A ideia de plantar árvores e fazer a lição de casa de maneira protocolar, segundo um dos entrevistados, deveria sempre ser norteada pela solidez dos valores tanto do indivíduo quanto da empresa.

As empresas sabem que estão lançando muito dióxido no planeta, mas embora tenham programas para minimizar os estragos ninguém conhece os resultados dessas iniciativas. Uma empresa rentável que está dando lucro, na hora de fazer a lição de casa, reflete que tipo de valor? Uma coisa é plantar árvores porque se comprometeu e não quer ficar mal na fita, outra coisa é: se não houvesse ninguém por perto, a empresa plantaria? O que me preocupa é o recorta e cola de visão/valores e missão, fica tudo muito bonito e bem escrito, mas existe efetivamente um valor que respalde um processo real de mudança? Então esbarramos no valor individual. As pessoas não estão usando o trabalho como ferramenta da transformação.

Quando questionados sobre os valores que importam no âmbito profissional, algumas respostas apontaram o respeito, entendido como aceitação incondicional do peculiar que há em cada um, do jeito de ser de cada pessoa.

Pra mim, respeito é aceitar meu jeito de trabalhar, minha forma de ser.

Respeito é procurar entender a pessoa, gostar dela do jeito que ela é. Respeitar suas características pessoais.

Outro valor apontado espontaneamente que encontrou eco no grupo foi a integridade – no sentido da coerência entre o que se diz e o que se faz.

O que mais prezo é congruência entre o discurso e a prática. Sinto-me aviltado quando me vejo praticando uma coisa que eu não queria, que está aquém dos meus valores e crenças.

Integridade pra mim é consistência; fico muito feliz quando vejo que o que penso, sinto e faço tem tudo que ver com meu trabalho.

Ser íntegro é ser fiel àquilo que digo e penso, porque quando não fazemos isso nos afastamos da nossa alma. E aí adoecemos, entramos em depressão. Essa é uma doença da alma, porque quando você se afasta dos seus valores, daquilo em que acredita, a alma é a primeira a perecer. Esse valor tem que ver com ser justo, com ser coerente.

Também foi abordada a necessidade humana de encontrar o "sentido da vida" que permite ao indivíduo e à cultura corporativa conectar-se com valores mais profundos. Esse tipo de inteligência, denominada espiritual, é a ferramenta que se traduz como autoconsciência, capacidade de ir além dos interesses pessoais. Nessa linha, tanto a autorrealização quanto o crescimento sustentável da empresa dependem não apenas de lucros baseados em valores materiais, mas também de sólidos valores sociais, éticos e universais.

A cultura e os valores

Considero superimportante sentir que sou parte de um todo, que não estou sozinho, muito pelo contrário, estou conectado com o todo maior, sou apenas a parte de uma engrenagem na qual eu possa exercer alguma influência. Isso tem que ver também com respeito e integridade.

Chamo isso de consciência expandida. Preciso notar meu comportamento pra repensar minha forma de agir. Quando não enxergo as coisas, meu comportamento impacta tudo à minha volta.

Para mim, é a questão de ser justo – mesmo que isso não me traga nenhum benefício. Quando você tem poder, sua responsabilidade é ainda maior: você impacta a vida das pessoas com as suas atitudes. É ter a consciência de se interrogar, de se perguntar, de não tomar atitudes cegas. Se você estiver cego, é melhor recuar e lembrar que faz parte do todo.

Nessa mesma linha de sentido da vida, a integridade, por outro lado, é percebida como um senso de dever com seu dom. Ou seja, ser coerente consigo mesmo é fazer escolhas que privilegiem sua missão no mundo.

Eu sinto necessidade de me autorizar, de deixar aflorar o dom que me conecta à vida. Pra mim, isso tem relação com fazer o bem para o outro. Por isso escolhi ser terapeuta, trabalhar em Recursos Humanos. As minhas escolhas visam multiplicar esse dom. Esse é meu valor principal; a integridade ecoa muito forte em mim. É difícil mantê-la diante dos jogos políticos e de poder que nos obrigam a estampar muitas vezes um sorriso como forma de proteção. Mas, ao longo do tempo, percebi que não adiantava impor essa integridade aos outros.

Também na linha da integridade e do respeito, há quem considere que o primeiro passo é o autorrespeito, ou seja, ser fiel aos seus propósitos.

Reinventando a liderança **73**

Para mim, tudo começa com o respeito a mim mesma, partindo da coerência entre pensar, sentir e agir. Se formos coerentes conosco, as atitudes com relação às outras pessoas também serão coerentes. É claro que cometemos pequenos deslizes e às vezes magoamos aqueles que nos cercam, mas então retomamos o fio da meada com base no respeito.

Outro ponto levantado como valor pessoal ligado ao respeito é o da imparcialidade necessária quando se trabalha em equipe.

É claro que temos simpatia por determinadas pessoas, mas a partir do momento em que se precisa administrar uma equipe a imparcialidade é fundamental – tanto na hora de tomar decisões como no momento de executá-las.

Quando questionados sobre os comportamentos nocivos que se destacam no ambiente profissional, houve consenso quanto à vitimização e ao excessivo individualismo.

A pior mazela do mundo corporativo é a vitimização. As pessoas não se responsabilizam pelos seus atos. Tudo é culpa do outro, nada é culpa minha, eu sou a vítima e você, o culpado. Considero uma praga essa coisa de se vitimizar e não se responsabilizar pela própria vida.

Primeiro vem o indivíduo. Para ele, só importa se dar bem – seja com relação a dinheiro, cargo, função. Ele acaba encontrando uma forma, dentro da empresa, de chegar aonde quer.

Pensa-se muito no eu e pouco no nós. O eu aparece no discurso e na prática. Então voltamos à questão de foco em resultado. Muitas vezes, alcançar um resultado significa manter uma posição ou não sofrer ameaças, de modo que se possa galgar novos níveis.

Outro ponto que chama a atenção é a falta de foco, em particular, quando a pessoa entra numa rotina, perde a noção de prioridades e acaba introjetando comportamentos dissonantes e desapegados dos próprios valores essenciais.

As pessoas não sabem mais eleger prioridades, não distinguem o essencial. E, até porque seus valores estão distorcidos, elas agem e lavam as mãos. Usam como desculpa a falta de tempo ou as exigências do departamento. Regem a vida não mais por seus valores; ao contrário, são levadas pela enxurrada da rotina, da dinâmica da vida. Seus atos são desempenhados de forma insípida, morna, medíocre, mediana. O que falta mesmo é saber eleger as prioridades.

A falta de transparência na hora de promover alguém também foi levantada como comportamento nocivo que contamina o ambiente organizacional.

A transparência deixa a desejar. A gente sofre com isso. Quando alguém é escolhido para assumir um cargo gerencial, não existe transparência sobre como se deu essa escolha.

Também a diversidade é considerada um valor que deixa muito a desejar.

Falta uma coisa que é muito frequente nos discursos dessas organizações, mas elas não praticam: a valorização da diversidade. Os ambientes são muito homogêneos.

Sinto falta do trabalho em equipe. Em muitas empresas, o individualismo tem muito mais destaque que as ações coletivas.

A cultura e os valores

No quesito liderança e prática de valores, todos apontaram a distância entre discurso e prática e a escassez de líderes inspiradores que comandem por exemplos pessoais.

Infelizmente, faz muito tempo que não tenho um líder pra seguir. Considero fundamental ter um líder, mesmo que ele não seja da sua área. As empresas estão carentes disso, de liderança nata. Não a liderança do conhecimento, mas do indivíduo que influencia, que provoca admiração.

O exemplo se faz em ato e não em discurso. Então, falta liderança nata, aquela boa e velha coerência entre a fala e a atitude.

Os entrevistados expressaram o que desejariam encontrar nas organizações.

Confiança. Confiança naquilo que eu estou fazendo, se eu estou no caminho certo, se estou melhorando a vida das pessoas. Quando a empresa tem normas claras e elas são praticadas, erra-se menos. É necessário estabelecer essa relação de credibilidade para que não haja confusão de valores.

Sinto falta de um pouco mais de verdade nas organizações. Existe muito jogo de cena, muito discurso pronto, mas na prática a coisa não se confirma. Vivo me perguntando: até que ponto é pra valer?

Falta nas pessoas coragem de assumir o protagonismo, os erros, as qualidades, sem falsa modéstia nem arrogância. Os indivíduos são constituídos de luz e sombra, mas não têm coragem de ser o que são. Precisamos de mais coragem e simplicidade. As pessoas querem trazer fórmulas do Peter Drucker, do raio que o parta, mas o básico ninguém coloca em prática.

A cultura e os valores

Sugeriram também algumas atitudes ou vetores que minimizem os comportamentos nocivos e, portanto, colaborem na efetividade de um clima organizacional baseado em princípios e valores éticos – tanto pessoais quanto empresariais:

- Liderança focada em pessoas.
- Honestidade na revisão e na prática dos próprios valores.
- Autorização de si.
- Liderança baseada em valores.

O que a organização pode fazer pra diminuir essas lacunas é ter consistência nos seus processos. Escolher pessoas para a posição de liderança que de fato sejam capazes de ser líderes, que de fato valorizem pessoas, porque a matéria-prima da liderança são as pessoas. De nada adianta ter um currículo fantástico se não se investe na relação com as pessoas.

Acho que só conseguiremos preencher essa lacuna nas corporações e na sociedade quando tivermos honestidade para analisar e desenvolver nossos valores. É preciso se despojar de tudo que não faz mais sentido e começar do zero, avaliando nossa relação com Deus, com a grana, com as pessoas, com poder e trabalho. O reflexo da minha honestidade apareceria no comportamento do outro.

Para mim, o mais importante é a autorização de si mesmo – porque esse compromisso com os seus valores é fundamental, porque o caminho é o encontro consigo mesmo.

É impossível trabalhar com o desenvolvimento de liderança sem gerar mecanismos que façam as pessoas pensarem, ampliarem a consciência que têm de si mesmas. Só assim elas poderão descobrir se querem ser líderes e abraçar esse desafio, uma vez que é preciso coragem. A posição de liderança é solitária, de-

Reinventando a liderança **77**

manda manter o bom-senso quando todo mundo o perdeu. E muitas pessoas abraçam essa carreira porque contam com valores que, muitas vezes, não são delas, mas da sociedade: o carro, a garagem, o salário.

No quesito prática efetiva de valores, um consultor fala de uma experiência na qual a organização transpirou ética.

Foi a primeira vez que vi um valor que aparece no quadro de avisos se refletir no comportamento das pessoas. Eu estava negociando a participação num projeto, como parceiro. Fiz minha proposta e aguardei. A pessoa disse ter gostado do meu perfil, mas havia um problema relativo aos honorários, que precisavam ser reajustados. Só que para cima. Na hora não acreditei, mas ela me disse que não consideravam justo que eu fosse remunerado abaixo dos outros consultores porque a parte pela qual eu seria responsável era muito importante. Essa pessoa não precisava ter me contado isso. Eu ia trabalhar muito bem com o valor que eu havia pedido. A empresa parou para pensar e agiu comigo com transparência e verdade. Esses são valores inerentes à organização.

De volta para casa

SER ÉTICO COMPREENDE, primeiro, zelar pela qualidade de vida (nossa e dos demais) e incorporar valor a tudo que fazemos. Ou seja, perceber que toda missão tem um significado maior, contemplando no centro desse questionamento os valores que vão inspirar as pessoas, assegurando-lhes um verdadeiro sentido do pertencimento. Em seguida, está o *como devo agir*, ou seja, a motivação das nossas ações e decisões precisa alicerçar-se na solidez dos valores da empresa. Em função deles, resta, por fim, defender o conjunto de normas que regulam o comportamento como um todo.

Dessa ótica, a preocupação ética dos colaboradores está nitidamente centrada em promover um ambiente alegre e energizante. Ou seja, é preciso zelar pelo bem-estar, um valor que, por estar subjacente ao discurso, deve ser reforçado. De fato, essas iniciativas nos levam a criar um ambiente mais saudável e sustentável – qualidades que, de um lado, minimizam os fatores estressantes do cotidiano profissional e, de outro, garantem uma vida melhor para todos os colaboradores.

Por outro lado, no tocante à autorrealização, inerente ao desenvolvimento pessoal, é importante deixar clara a direção dos esforços em prol do bem-estar, incentivando o que há de melhor nas pessoas. Essa é a única forma de alinhar os valores individuais aos organizacionais.

Se a empresa pode ser admirada por concentrar esforços no desenvolvimento de pessoas (em especial na carreira), há de se cuidar para que a ascensão profissional seja guiada pela premissa do "como" se dará tal ascensão, qual será a consistência dos processos que envolvem a trajetória dos seus colaboradores. Desse modo, será possível minimizar a percepção de uma "meritocracia às avessas", em prol do fortalecimento de decisões pautadas no mérito, nas capacidades e nas realizações alcançadas com base na concordância entre o que se fala e o que se pratica.

O que parece óbvio mas é pouco praticado é a necessidade de reforço para assegurar relações saudáveis entre equipes e líderes e promover a colaboração intra e interdepartamental. Nada disso acontece se não houver, ao mesmo tempo, uma disposição ferrenha de erradicar dispersores e barreiras de improdutividade, como o retrabalho ou a valorização das horas extras. Em outras palavras, promover o bem-estar implica reconhecer que as pessoas serão mais felizes e produtivas se também tiverem tempo para cuidar da vida pessoal.

A insanidade corporativa precisa de injeções cavalares não apenas de foco, em todas as vertentes, como também de diálogo. É necessário direcionar o potencial e as oportunidades no sentido de que as pessoas sejam capazes de partilhar objetivos e propósitos claros e suficientemente mobilizadores. É como afirmei no meu livro *Foco e criatividade* (Di Nizo, 2009, p. 29): "A palavra de ordem é, portanto, corresponsabilidade na atitude de qualidade: qualidade na escuta, na troca de ideias, nas perguntas, na administração do tempo, na visão dos objetivos a perseguir".

Por outro lado, é muito mais comum do que desejável a preocupação dos colaboradores no que se refere à normatização dos comportamentos. Ou seja, eles querem um manual de conduta explícito, algo como um guia de comportamento interno que lhes possa assegurar uma avaliação mais objetiva e transparente.

Também é preciso ressaltar até que ponto são preocupantes as inversões de prioridade. Afinal, a normatização de conduta não pode ser motivada pelo medo de retaliações, pelo receio de ser desligado nem pelo desejo de promoção. Do mesmo modo, a disseminação dos valores não deve ter uma conotação restrita à normatização da conduta. Ao contrário, uma cultura dirigida por valores implica a capacidade de promover o engajamento e o comprometimento voluntários. De fato, a discussão permanente sobre o significado dos valores permite uma disciplina espontânea; por conseguinte, a normatização dos processos e de conduta deve ser efeito natural da consonância com os valores.

Cabe ressaltar uma vez mais que o tema "valores", com raras exceções, ainda não é alvo de discussão na prática. Prova disso é a dificuldade de discorrer sobre ele com desenvoltura e liberdade de expressão. Os discursos padronizados evidenciam uma preocupação em ser bem avaliado, mesmo porque o entendimento é superficial e o tratamento do assunto, por parte da liderança, é considerado de forma subjetiva. Ou seja, ainda falta engajamento real quando se trata de valores.

Por último, mas não menos importante, cabe à liderança refletir constantemente sobre sua forma de agir, condição para que se promova a gestão de uma cultura dialogadora. Trata-se tanto de perceber o grau de alinhamento entre os valores pessoais e os da empresa como de analisar o *gap* entre a cultura existente e a ideal. Ou seja, é preciso dedicar-se a compreender os fatores que incidem na improdutividade. Debater e propor ações para minimizar comportamentos e valores nocivos, promovendo diariamente as mudanças necessárias que inspirem a prática dos valores da empresa.

Tudo isso implica, no mínimo, o debate de questões delicadas e intangíveis, que abarcam tanto a complexa e sutil natureza das relações humanas quanto o confronto com dilemas ético-morais que são sempre deixados em segundo plano. A credibilidade da disseminação de valores depende, em grande parte, da capacidade do líder de engajar e inspirar os colaboradores. Isso exige ainda o dom de saber escutá-los e de propor, em todas as instâncias, um diálogo transparente. Afinal, uma cultura dialogadora é condição essencial para fazer valer os princípios éticos, incorporá-los e disseminá-los na organização.

Nesse sentido, de um lado, as melhores empresas para trabalhar vêm provando e mostrando que estão alçando voos por meio de uma gestão focada nas pessoas e na excelência de resultados extraordinários. Funcionários e colaboradores demonstram orgulho de fazer parte dessas empresas e reconhecem o avanço no tocante aos cuidados com elas. De outro, cabe agora à liderança injetar no DNA da empresa uma discussão ampla que garanta a efetividade dos valores. Afinal, isso incide diretamente tanto na atração, no desenvolvimento e na retenção de talentos quanto no planejamento de sucessão global das empresas. E essas são condições básicas para influenciar e remover obstáculos que visem à execução estratégica das ações internas gerenciais.

Uma vez constatados os desvios de rota, é necessário fomentar amplas reflexões acerca da prática dos valores e planejar – sem descanso – ações de engajamento e crescimento sólidos em diversas frentes.

Por fim, após o alinhamento ao marco filosófico, resta ajustar um desenho do plano estratégico. Para que a implantação propriamente dita do reforço (ou mudança) cultural seja bem-sucedida, os valores devem estar efetiva e conscientemente presentes no cotidiano organizacional; os procedimentos, os processos e as políticas precisam ser revisitados com base nos valores que a empresa – principalmente seus líderes – pratica no dia a dia.

Isso significa ser exemplo ético e assumir o papel de guardião e disseminador dos valores, o que promove a geração de resultados sustentáveis.

A cereja do meu bolo

"A NOVA GERAÇÃO ESTÁ MAIS preocupada em saber onde está se inserindo, até que ponto a empresa tem relação com ela."
Ouvi essa frase em um dos diagnósticos e, embora, não tenha dados suficientes para comprovar tal afirmação, considero-a um bom ponto de partida e de reflexão para as

organizações preocupadas com a retenção dos novos talentos. Essa nova geração chega "pilhada" nas questões do meio ambiente, com a mente multifacetada e inquieta, avessa à liderança autocrática e à mesmice.

Nas empresas que têm uma atividade-fim menos concreta, mais voltada para o conhecimento – exemplo disso é a garotada do Facebook, da Apple – percebe-se mais facilmente que a liderança autocrática não cola. Porque a matéria-prima da liderança é o conhecimento, não é mais produzir. Então, os colaboradores se perguntam qual é a qualidade, a inovação, a criatividade do que estão produzindo.

Algumas crenças caem por terra enquanto jogos e abusos de poder evidenciam a confusão dos valores. Sabe-se que a sustentabilidade organizacional não depende apenas de resultados a toda prova. As pessoas precisam curar o distanciamento de seus valores e orquestrar a própria vida, baseando-se na universalidade dos princípios éticos que jamais esmoreçam. Em última instância, autorizar-se para estar afinadas com o sentido da vida – e aqui vale lembrar que se trata da resposta à pergunta "Que vida eu quero ter?". Por outro lado, em um mundo em constante transformação, as pessoas anseiam por um convívio mais solidário.

A paz não tem soldado, você é um operário porque precisa construir a paz. E a paz a gente constrói a cada interação. Sempre que conversamos com alguém, podemos nos aliar ao bem ou ao mal. Quando nos afastamos dos nossos valores, damos a mão ao mal. Mas quando abrimos o coração a alguém, olho no olho, expressamos nossa humanidade.

Isso exige uma liderança mais formadora, mais servidora. Demanda também foco no bem-estar das pessoas, envolve aquele velho e bom conceito da vida boa, de perseguir a felicidade e a autorrealização como condição de ser fiel a si mesmo. Ser capaz de somar o *eu* com o *você*, o peculiar com o diverso e também genuíno, porque nenhum de nós é tão bom quanto todos nós juntos. Conectar-se ao próprio dom, como foi expresso anteriormente por um dos entrevistados, é também se confrontar com seus demônios ocultos e seus dilemas ético-morais.

> Não somos anjos. Justamente diante dos conflitos e de problemas concretos é que temos a oportunidade de colocar os valores éticos em prática.

Diante de tudo, devo dizer que nunca fui tão desafiada. Vivenciei processos que me levaram a posicionamentos e escolhas difíceis. Nem sempre acerto o tom. Tenho levado o debate dos valores como uma bandeira e, por vezes, me sinto terrivelmente só. Após um treinamento ou diagnóstico, sento-me no banco da praça e choro copiosamente. O distanciamento das pessoas para consigo mesmas é uma doença contagiosa. Mas, depois que leio os depoimentos, arvoro-me de coragem porque sei que fui capaz de semear a boa vontade e, assim, realizei o meu dom.

Confesso também que eu nunca fui tão feliz. Ética é isso, o conceito da vida boa, da busca da própria felicidade. Sinto-me realizada por saber que a cada dia diminuo a distância entre minha personalidade e minha alma – e isso me torna mais próxima da humanidade.

> Fomos ao Butão pra tentar descobrir por que as pessoas de lá são felizes. Uma das coisas que aprendemos é que você só pode ser feliz se fizer felizes aqueles que o cercam. O maior sentimento de felicidade aparece quando um ato seu traz alegria

a outro ser humano. Isso retorna para você de uma maneira tão forte que você se torna feliz também. Essa é a filosofia que permeia o país inteiro.

A metáfora do Butão paira no meu imaginário como ideal a perseguir. Esse também é meu dom. Então, encontro nos valores minha razão de ser pedreira e regente, uma gota no oceano que vira mar, depois se evapora e respinga no jardim. Porque no fundo eu quero mesmo é ser uma boa jardineira, alguém que sabe cuidar com afeto das suas flores.

Uma pausa para falar de princípios e valores éticos

Capítulo II

Honra: o fio do bigode

HONRA E DIGNIDADE parecem andar de mãos dadas. A diferença é que a honra depende das ações e a dignidade não necessariamente. Todo mundo merece ser tratado com dignidade, independentemente de sua conduta. A honra, por sua vez, restringe-se à qualidade das ações humanas. Você será considerado uma pessoa honrada se fizer por merecer com seus atos.

É uma das virtudes mais valorizadas no mundo dos negócios, pois significa honestidade e confiança, lealdade ao dever e às expectativas que se tem de si. Ninguém subornará uma pessoa honrada porque ela é incorruptível, ou seja, não comete infrações morais. Mantém-se, ao contrário, fiel aos próprios valores e princípios, bem como aos objetivos e propósitos coletivos. Uma pessoa honrada é fiel a uma causa, a uma crença, a um país, a uma família e a uma empresa. Honra é, pois, aceitar e assumir responsabilidade pessoal por suas ações. Por isso, é um princípio fundamental na construção da credibilidade e da confiança que as pessoas depositarão no líder.

Em vez de preocupar-se com o grau de confiança que é possível depositar nos demais, a pessoa honrada sente-se motivada a ser merecedora de confiança. Trata-se do autorrespeito.

> Em suma, temos com o autorrespeito um sentimento que une os planos moral e ético, e com a honra um valor que tanto inspira a moral quanto a ética. Dito de outra forma, uma vida feliz, para merecer o qualificativo de ética, implica experimentar o autorrespeito, logo, agir com honra. (De La Taille, 2006, p. 64)

O pão nosso de cada dia

MUITO FREQUENTEMENTE, o líder se confronta com contradições e ambiguidades, meias verdades, quando não com interpretações dos fatos que nem sempre correspondem à realidade. O líder precisa delegar e dar autonomia ou poder como sinal de confiança nas pessoas. E não raro ele se engana porque, entre outras coisas, não dedica tempo a conhecer melhor seus colaboradores.

No exemplo da premiação que veremos mais adiante (veja o tópico "Igualdade e equidade", p. 103), qualquer um se vê tentado a escolher aquela pessoa com quem se dá bem, que está sempre ao seu lado. No entanto, quem nos tira da zona de conforto, quem nos empurra contra a parede e nos obriga a uma autorreflexão é o guardião da nossa balança da justiça. Todo questionamento nos impele a refletir não apenas sobre *como* devemos agir, mas sobre *quem queremos ser*, balizando as crenças e as bandeiras que estamos dispostos a servir.

O que foi omitido, embora muitas vezes pareça imperceptível, constrói uma identidade. Por outro lado, o grau de importância concedido às pessoas e ao que lhes concerne, bem como aos conflitos (e a forma de administrá-los), mensura o modo de tratar os problemas cotidianos de qualquer natureza, elucidando um estilo de liderança.

Imaginemos que a empresa entenda que é necessário fortalecer a visão das equipes dentro de altos padrões éticos, mas por vários motivos sua equipe tem sérios problemas de entrosamento (interno e com outras áreas). Imaginemos ainda que você faça vista grossa porque considera tudo isso um problema colateral menor. Assim, persistem os conflitos de interesses, a tendência a mascarar resultados (ninguém deve comentar as falhas do setor com pessoas de outro departamento), a falta de responsabilidade na busca de resultados (já que a falha é do outro), as "panelinhas" (sempre as mesmas pessoas juntas ou distantes umas das outras). Para engrossar ainda mais o caldo, vamos imaginar uma forte competição entre os próprios gerentes, o que acaba prejudicando o relacionamento entre as equipes.

De que maneira as pessoas vão encarar essas discrepâncias? Elas sentirão, no mínimo, que você não é fiel à organização (à visão, aos valores e princípios). Em vez de influenciá-las positivamente, elas duvidarão das suas promessas, por conseguinte da sua honra. Resultado? Quando há um acúmulo de questões não resolvidas (morais e éticas), coexiste um aumento progressivo de estresse, portanto um clima de descontentamento e desmotivação. As pessoas dificilmente perdoam a falta de ética. O desafio nesse caso será resgatar a credibilidade da liderança.

Retidão

DIANTE DAS ADVERSIDADES as pessoas naturalmente nos submetem a um escâner moral: como agiremos? Será que vamos abrir mão do que foi combinado? Vamos proteger as mesmas pessoas ou seremos imparciais? Será que dissemos uma coisa e faremos outra? Teremos coragem de confrontar e colocar os pingos nos is? Ou vamos fazer corpo mole, repartindo ameaças? Cumpriremos nossas promessas?

O ponto central desse questionamento ético são sempre os valores que elejo para amparar e aquilatar minhas decisões, minha atitude. Então, se eu não for capaz de fazer valer minhas promessas, se eu postergar o afrontamento ou as resoluções importantes, se eu deixar as pessoas em segundo plano, não me restará mais remédio que ser omissa ou impor e coibir. Ao contrário, quando sou fiel a mim mesma, se me respeito, certamente, saberei respeitar os demais. Ser honrado compreende ter as pessoas em alta consideração. Em vez da conveniência, a pessoa honrada propõe incansavelmente a convivência que respeita as diferenças. Ser honrado, muitas vezes, é dizer *não* e correr o risco de desagradar. Porque o que importa é o grau de honestidade e não a imagem, o *status* ou os jogos de manipulação e poder. Não posso permitir meias verdades ou a falta de transparência. Não posso aceitar a máxima do resultado a qualquer preço. Tampouco posso aceitar o semiético, o quase moral, o sem querer e as montanhas de justificativas que jamais vão substituir a retidão de princípios. Atingir metas só pode decorrer do agir moral respaldado pela convivência ética.

Integridade

INTEGRIDADE É A QUALIDADE de uma pessoa reta, honesta, incorruptível. O dicionário Aurélio fala de retidão, imparcialidade. "Quando conciliamos palavras, sentimentos, pensamento e ações, sem discrepâncias ou ambiguidades, estamos exercitando a integridade", observa o professor Blaine (Lee, 2005, p. 170). Mais adiante (p. 171) ele complementa: "Integridade significa muito mais do que 'fazer o que diz'". Concordo com ele porque o que precede toda ação coerente é o fato de ela estar em consonância com os valores, com a forma de ser e viver (ética), bem como com o agir (moral).

Em vez de ludibriar, manipular ou tirar vantagem, a pessoa íntegra demonstra a confiança que emana do seu caráter. Além de tudo, ela é autêntica. Assim, toda pessoa honrada é por excelência íntegra. Esses atributos são absolutamente imprescindíveis no mundo dos negócios.

O desafio da liderança é lidar com imprevistos e personalidades fortes. Cada indivíduo chega à empresa com seu conjunto particular de princípios e valores. Enquanto para uma pessoa integridade é não mentir, para outra é não omitir informações relevantes ou faltar com transparência – ou, ainda, não fomentar favoritismos.

O tendão de aquiles da liderança é administrar tantas disparidades: de um lado, um código de ética; de outro, ações dissonantes e nem sempre respaldadas por ele. As pessoas aprovam a competência técnica porque isso lhes dá segurança, do mesmo modo que abominam a ausência de integridade.

Transparência

PARA O AUSTRALIANO Ken O'Donnell (2006, p. 49), um dos pilares da ética é a transparência: "Refere-se à manutenção de uma comunicação aberta sobre ações e políticas relativas a todos os envolvidos ou interessados".

Em maio de 2011, o site da revista *Exame* publicou um artigo sobre os erros de gestão da empresa de energia japonesa Tepco, que não soube minimizar os efeitos do acidente na usina Fukushima. Um dos erros apontados, que levou à demissão do presidente da organização, foi justamente a falta de transparência. Vejamos um trecho da matéria:

> Um erro comum, mas que pode provocar sérios danos, é a tentação de esconder pequenos deslizes da empresa. Dez dias antes do desastre na usina de Fukushima, a Tepco revelou que caiu nessa armadi-

lha. Na época, a empresa confessou às autoridades japonesas que havia manipulado dados de controle de manutenção. Nos relatórios de controle, a companhia disse que fez a inspeção de aproximadamente 30 peças que, na verdade, não haviam sido checadas. Depois de assumir que mentiu, a Tepco teve que fazer um documento para saber se os procedimentos de segurança estavam sendo respeitados. A conclusão da Agência de Segurança Nuclear foi negativa. Esse não foi um problema isolado. Em 2002, a empresa teve que parar 17 reatores nucleares de água quente para uma inspeção provocada pelo mesmo problema: manipulação de relatórios. No deslize mais recente, o diretor-geral de Fukushima e seu braço direito foram demitidos. (Carvalho, 2011)

Um exemplo memorável

LEMBRO-ME DE UMA SITUAÇÃO que me deixou de cabelo em pé. Depois de um árduo processo de diagnóstico, os líderes de uma grande empresa decidiram iniciar um processo de mudança. Assim, juntamos as turmas enquanto o departamento jurídico da organização finalizava o contrato de prestação de serviços. Estávamos tão empolgados e decididos que encerrávamos cada turma com a criação de comitês baseados nos valores que precisavam ser avivados. No meio de um desses treinamentos, chegou o contrato para eu assinar. De repente, dei-me conta de que havia um erro homérico: o valor do contrato equivalia, de fato, ao valor de um único treinamento. Eu havia enviado a proposta com o valor de cada treinamento e a empresa não entendeu que deveria multiplicar aquela cifra pelo número de turmas. Empalideci e meu contato começou a entrar em desespero, dizendo que seria punido. De que forma eu deveria agir? Aceitar o prejuízo era um enorme buraco no meu orçamento, levar adiante uma querela judicial poderia colocar em risco a vida de um profissional. Pior: os líderes estavam altamente motivados e eu não podia abandonar o barco. Assim é a vida: feita de escolhas éticas e morais. Nem tanto ao mar nem tanto aos céus, conseguimos um acordo, mas o mais importante é que em fração de segundos precisei submeter minha decisão aos meus princípios. Estou certa de ter feito a escolha correta porque optei pelo autorrespeito. Afinal, a honra não tem preço.

Confiança atrai confiança

APRENDEMOS MUITO com as crianças. Não basta impor regras nem dizer uma coisa e fazer outra. Se você deseja fortalecer o relacionamento e a sua autoridade, precisa ser coerente, porque é isso que a criança cobrará. Ela entende que, além de conjugar o verbo "ter" (piscina, *tablet*, *videogame* etc.), e "fazer" (ginástica, balé, capoeira), a maior lista compreende o "ser" (ser amigo, ajudar pessoas, cuidar dos animais, ser gentil com os irmãos etc.). Se você quer ensinar uma criança, precisa dar o exemplo. Só assim ela confiará em você.

O que determina a base de qualquer relacionamento é a confiança. A capacidade de inspirar confiança é essencial e tem como elemento principal a coerência. Para estabelecer relações confiáveis, nossas ações precisam ser coerentes. "É da coerência entre o pensamento e a ação que nasce o conjunto de crenças e valores que constituem nossa índole", afirma o professor Blaine (Lee, 2005, p. 165). Implica vigiar os duplos sentidos, evitar incansavelmente dizer uma coisa e fazer outra. Afinal, é a consistência das ações que acaba construindo elos de confiança. Ou seja, por meio do conjunto de valores manifestamos nosso caráter.

Em suma, significa armar-se de coragem para examinar os pontos de conflito sem abrir mão dos valores nem jamais se desviar deles. Representa pautar-se pelos mesmos valores em qualquer circunstância. Isso nos torna confiáveis.

No ambiente organizacional cujo lema é atingir resultados mensuráveis, tendemos a deixar em segundo plano aquilo que é intangível, como as relações humanas. Contudo, cedo ou tarde, acabamos admitindo que o alcance das metas depende de pessoas. A confiança é justamente a argamassa que vai uni-las.

Quando há uma preocupação real quanto à gestão dos valores, as equipes confrontam os problemas confiantes porque se baseiam na coerência da liderança. O professor Lee (2005, p. 166) resume esse assunto muito bem: "A coerência nasce do compromisso com os princípios [...] Coerência não é fazer a mesma coisa para todo mundo em todos os lugares. Significa pautar-se pelos mesmos princípios essenciais a cada ato".

Guiar-se por um conjunto de credos ou valores produz muito mais do que belos discursos. De fato, depositamos confiança em um líder, de um lado, porque confiamos no mínimo em sua competência técnica; de outro, porque acreditamos que ele fará seu trabalho com consciência, sendo justo e honesto. Em outras palavras, ao falar de confiança nos interessa suas qualidades morais.

Nesse sentido, é importante observarmos se o líder tem solidez de caráter ou se, ao contrário, necessita de modelos de conduta para que ele próprio possa adotá-los. Nesse caso, ele acreditará em quem se mostrar confiável, usará os valores somente com essas pessoas e desconfiará das demais. Ao contrário, se o líder for uma pessoa autônoma e confiável, inspirado por um conjunto sólido moral, não será ético apenas circunstancialmente. Em vez de se preocupar em ter provas para acreditar em alguém, seu foco estará em ser merecedor de confiança, "pois seu autorrespeito ou honra depende da fidelidade para com ele próprio" (De La Taille, 2006, p. 112). Assim, honra e confiança andam juntas.

Outro ponto importante é ser capaz de examinar continuamente seus valores como única garantia de estar disposto a vivenciá-los e incorporá-los na própria vida. É preciso coragem para examinar os pontos de conflito sem desistir dos valores. Ser capaz de confrontar-se com seus equívocos, com medo de errar, sem lançar mão da arrogância.

Por outro lado, a autoconfiança sadia permite que um líder enfrente esses desafios e assuma responsabilidades difíceis tendo sempre a mente focada na busca dos resultados, apoiando e incentivando o sucesso dos demais. Além disso, a liderança é um relacionamento de confiança entre o líder e os seguidores. Quanto mais o líder honrar essa confiança, maior será a sua credibilidade e mais eficaz será sua liderança.

Respeito: a menina dos olhos

TODA VEZ que questiono equipes e líderes quanto à importância dos valores, as pessoas mesclam sua opinião pessoal (crenças) com aquilo que julgam ser melhor para a empresa naquele momento. Se uma área atravessa uma fase de turbulência e desmotivação, por exemplo, os primeiros valores da lista serão determinação, superação e união. Ou seja, se as pessoas trabalharem juntas, a força do conjunto produzirá uma quantidade maior de energia. O que igualmente as unirá, dando-lhes um sentido de direção, é a vontade coletiva de superar os obstáculos. De fato, o papel dos valores é mobilizar as pessoas em todas as fases. Então, de acordo com a necessidade do momento, além dos valores institucionais, o líder pode e deve fortalecer e/ou avivar outros no intuito de energizar as equipes durante as fases de transição. Existem, porém, valores imutáveis. Em quase 100% dos grupos de treinamento ou de diagnóstico um valor é apontado como inestimável: o respeito.

Sim, todo mundo concorda que solapar o que tem de melhor e mais genuíno não é apenas um desperdício, mas uma afronta à sua dignidade. Então, se elas pudessem mandar um recado em tempo real, diriam que o que falta mesmo é um mínimo de educação.

Nem todos se importam com o bom-dia, obrigado. Há mesmo quem considere perda de tempo cumprimentar os colegas de trabalho. Se você faz bem-feito é obrigação, demérito seria não fazê-lo. Como cada pessoa é um mundo, os conceitos são parte do universo individual. O desafio é juntar pessoas de credos e histórias diversos para conviver e partilhar o respeito mútuo.

Respeito, pra mim, é olhar no olho, é dar a oportunidade ao outro de falar, de se expressar, é tentar entender os motivos, as razões, os problemas do outro e buscar ajudá-lo e seja lá em que circunstância for.

Falta de diálogo é total desrespeito.

Falta muita sensibilidade no mercado de trabalho.

Já que não há tempo consagrado ao diálogo, o acúmulo de insatisfação se transforma em improdutividade. Concordo que a sensibilidade anda rarefeita e tudo se realiza a toque de caixa. O piloto automático – fazer as coisas sem prestar atenção a si mesmo nem aos demais – se traduz em distorções e comportamentos nocivos, em relações superficiais. No mínimo, peca-se pela falta de bom-senso e de preocupação ética em promover o bem-estar das pessoas.

Quando as pessoas trabalham com respeito, dedicação e amor pelo trabalho e pelo outro, a vida fica muito mais fácil.

Ninguém quer perder tempo, ninguém quer sair do seu universo, da sua telinha. Só que existe uma tela maior que é o horizonte, o mundo, a vida das pessoas.

Afinal, o que é respeito? Que organização está preocupada em garantir o respeito entre colaboradores, fornecedores e parceiros? Quanto tempo um líder dedica a ser fiel a si mesmo e aos demais?

Felizmente, o que move as pessoas é um senso imperceptível da busca da humanização.

É preciso ser feliz e buscar ser feliz no trabalho. Porque quando você é feliz no trabalho consegue fazer os outros mais felizes também.

Que a próxima geração valorize menos a produção e mais o ser humano, porque assim inevitavelmente o trabalho terá mais qualidade. A base disso é que a gente respeite as pessoas...

Respeitar uma pessoa não é apenas considerá-la digna, é também honrá-la. É aceitar suas diferenças, reconhecendo que ela é merecedora de reverência e estima. É aceitar o peculiar e o que a torna única. Em suma, o respeito implica atitude ética inclusiva, tolerante e solidária. Não basta aceitar, é necessário valorizar e reforçar a pluralidade e a diversidade, porque plural e diversa é a condição humana.

INTROSPECÇÃO
O que você tem feito para ser merecedor de confiança? Você é coerente em suas decisões? Mantém-se firme em seus propósitos? De que maneira tem estimulado a confiança mútua? Você costuma inspirar a autoconfiança das pessoas para ajudá-las a superar seus pontos vulneráveis? Você confia na sua equipe? Ela confia em você? Você tem sido merecedor de confiança?

Justiça

TODO MUNDO SABE que sem a virtude da justiça a vida em sociedade seria muito difícil. Por essa razão, concordo com o filósofo Yves de La Taille ao considerá-la uma virtude maior e talvez a mais racional delas. Para ele, a justiça inspira dois princípios: igualdade (todos os seres dotados do mesmo valor intrínseco não devem usufruir de privilégios) e equidade (tornar iguais os diferentes), como colocar rampas para os cadeirantes, assegurando-lhes o mesmo direito de locomoção segura. Assim, é importante reconhecer as diferenças entre as pessoas, a fim de que prevaleça a igualdade.

Um dos maiores desafios da liderança é adotar, nas mais diversas situações cotidianas, uma atitude pautada no espírito da justiça. Vejamos alguns exemplos.

> O gerente não abre o jogo! Tem gente que mora na zona norte e trabalha na sul, e assim por diante. Ninguém sabe onde essas questões estancam. Só se resolve a situação de gente mais próxima do gerente ou do encarregado.

É justo beneficiar algumas pessoas em detrimento de outras? O líder não deve beneficiar ninguém; ao contrário, necessita de critérios objetivos para lidar com as disparidades. O problema é que não pode haver dois pesos e duas medidas. As pessoas sabem que o certo é tratar a todos igualmente.

> Fulano pode, beltrano não pode, sempre com regras diferentes. Falta esclarecimento, critério de avaliação para premiar ou distribuir o dinheiro. Tem procedimento para tudo, mas chega uma premiação e você não tem regras? Por que escolheu um e não outro?

Justiça é dar chances iguais, promover o crescimento contínuo de maneira indistinta e deixar claros os parâmetros, o esperado de cada um. Na realidade, em algumas empresas ainda se repartem privilégios entre os mais chegados, reforçando as "panelinhas" dentro das equipes. Faltam regras explícitas que evitem as disparidades. O que deve determinar as ações/decisões são os princípios. Se a justiça é um norteador, o líder, por conseguinte, deverá filtrar suas decisões pelo espírito de igualdade.

Não é de estranhar, em vista disso, que uma queixa recorrente entre as equipes seja relativa ao plano de carreira ou às premiações. Em alguns casos, falta uma atitude firme da liderança para disseminar a política e explicar o porquê das regras. As pessoas esperam que os líderes as posicionem.

> Somente na véspera da avaliação fala-se sobre o plano de carreira. Mas as pessoas não entendem os critérios, as regras. Muita gente fica descontente com isso e se desmotiva o resto do ano.

> Como é que a gente pode falar de excelência se eles nem enxergam o funcionário?

O funcionário acha que merece reconhecimento e às vezes ele até merece, mas a verba é pouca. Ele nunca entende que nós só cumprimos as regras... Depois, a questão cai no esquecimento.

Alguns líderes reconhecem que deveriam priorizar aquilo que importa para as pessoas. Quando isso não ocorre, o acúmulo de descontentamento gera uma bola de neve. Resultado? Desmotivação, porque ninguém gosta de um ambiente carregado de incertezas e do não dito. Em suma, as pessoas clamam por justiça porque ela é inerente à natureza humana.

É igualmente injusto pedir às pessoas aquilo que elas não estão em condições de executar. Uma coisa é promover a superação de limites, o que é muito saudável, outra bem diferente é exigir delas o que está além das suas possibilidades. Para tanto, como insistiremos no assunto, o líder precisa conhecer os liderados.

Outro ponto fundamental é assegurar condições mínimas e adequadas para o trabalho. Esse tema é muito amplo e deve ser discutido e analisado de acordo com as especificidades de cada empresa. Mas somente ouvindo com atenção no intuito de compreender (escutar) o líder pode ter condições de tomar as medidas certas, guiado pelo espírito de justiça.

A falta de planejamento adequado e, muitas vezes, de foco do próprio líder também promove descontentamento. As pessoas, em consequência, vivem um clima de estresse constante porque passam o dia apagando incêndio. Pior: alguns líderes maquiam resultados.

Uma pausa para falar de princípios e valores éticos

A empresa quer obter as ISOs da vida e ganhar premiações, então sai todo mundo correndo, apagando incêndio, querendo mostrar serviço, e acabam maquiando resultados.

Sem planejamento continuamos à deriva.

Eu pergunto: é justo exigir alta *performance* quando as pessoas, sem metas e objetivos claros, não entendem por que desempenhar cada tarefa e não sabem fazer o certo? Muitas vezes, é difícil enxergar o óbvio, por mais que ele esteja diante de nosso nariz. Um bom exemplo disso são as pesquisas de clima: a liderança, repetidas vezes, reluta em aceitar – quando não se posiciona como parte contrária – a importância de trabalhar os aspectos apontados como deficitários ou motivo de insatisfação. Costumo dizer aos Recursos Humanos que não preciso de dados complementares para planejar um treinamento, mas sempre acabo sugerindo uma fase preliminar de diagnóstico por uma razão bem simples: convencer e cativar os líderes para que eles apostem no projeto de mudança. Desse modo, por meio de uma combinação de dinâmicas com minigrupos e entrevistas com líderes, utilizamos o método qualitativo para investigar aspectos objetivos e subjetivos, bem como nuanças implícitas. A nossa estratégia é a transparência na apresentação dos resultados porque é ela que assegura os sentimentos de credibilidade e confiança. Ou seja, os preceitos éticos são sempre os mais convincentes.

Também nos demais aspectos da vida somos confrontados com dilemas. Os pais sempre procuram não privilegiar nenhum dos filhos. Ainda assim, nem sempre é fácil. Admitindo as diferenças entre eles, a missão é educar com equidade e igualdade.

Um bom exemplo de justiça foi a decisão do Supremo Tribunal Federal de que os casais homossexuais têm agora os mesmos direitos e deveres que a legislação brasileira estabelece para os casais heterossexuais. Contudo, muita gente protestou no Twitter. O que choca é o preconceito, como se coubesse a nós decidir se duas pessoas do mesmo sexo têm ou não direito de viver juntas, o que já é uma realidade. O princípio da equidade, nesse caso, é justamente permitir que as leis brasileiras tratem o relacionamento entre *gays* da mesma forma que o fazem entre um homem e uma mulher.

Igualdade e equidade

VAMOS IMAGINAR que você recebeu verba e carta branca para promover ou premiar um colaborador de sua equipe. Duas pessoas lhe vêm à mente: o primeiro candidato preenche todos os requisitos, sem contar que a relação de vocês é muito aberta e você pode contar com ele em quaisquer circunstâncias; o segundo também preenche os requisitos necessários, mas você sempre tem dificuldade de lidar com seu espírito rebelde e sua tendência à insubordinação. E, claro, quando ele não concorda com você, é o primeiro a colocar lenha na fogueira. Qual dos dois você escolheria?

No prédio da empresa há poucas vagas de estacionamento. Eis que uma vaga foi liberada. Que critério você usa para escolher o funcionário a ser beneficiado?

Imaginemos ainda que você ganhe passagens aéreas com hospedagem completa para duas pessoas desfrutarem de um final de semana em Salvador. Como definir o ganhador?

Em qualquer uma das situações, o desafio é ser imparcial, ou seja, escolher uma forma de premiar a quem atendeu melhor às expectativas da empresa, ou, no segundo e no terceiro caso, organizar um sorteio. Seja qual for a decisão, ela precisa atender a uma retidão inabalável, jamais beneficiando uma pessoa em detrimento de outra. Daí a importância de regras que regulem os processos e ofereçam parâmetros claros. Quando surgirem questões que não foram ainda contempladas no código de conduta, é preciso filtrá-las sob o prisma da imparcialidade, discutir com as pessoas envolvidas, procurando ser justo e tratá-las com igualdade. E, é óbvio, à medida que as ações são coerentes, as pessoas confiarão em suas decisões.

O fato é que dá trabalho sair da zona de conforto, encontrar tempo para escutar as pessoas e buscar incansavelmente ser coerente e justo nas decisões. Isso obriga a uma introspecção constante, mas o resultado constrói parcerias duradouras.

INTROSPECÇÃO
Pense agora nas queixas legítimas dos membros da sua equipe. Lembre-se de situações que você já confrontou e/ou ainda deve confrontar. Você acha que tem sido justo em suas decisões? Alguém se sentiu injustiçado? Por quê? Há algo que você possa fazer para retomar o fio da meada? Reúna-se com as pessoas para discutir as decisões pendentes que exigem imparcialidade e podem deixar lugar a dúvidas. Averigue o que para elas significa ser justo. Você se surpreenderá com a disparidade de opiniões. Isso ajudará a alinhar a equipe e a definir os parâmetros. Aproveite e esclareça os princípios e as regras que respaldam suas decisões.

Generosidade

ALÉM DO RESPEITO, a generosidade está sempre às voltas, durante os treinamentos, como virtude essencial que humaniza as relações. Prova disso são os temas recorrentes quando as pessoas se lembram de histórias que representaram um marco em sua vida, ensejando-lhes uma conduta inspiradora e exemplar.

Meu avô era médico e até hoje ouço histórias a respeito dele. Ele trabalhava meio período no consultório e o restante no hospital. Não queria saber se a pessoa tinha ou não dinheiro. Primeiro ele cuidava e depois recebia ovos, galinha, o que fosse, mas jamais deixava de atender um doente. Ele tinha uma conta no hospital e quando o paciente não tinha dinheiro pra comprar o remédio pendurava na conta dele. No final da vida, teve um câncer e até o último momento operava sem olhar a quem. Quando ele morreu, só tinha casa, que deixou de herança para os filhos, mas o que ele legou a mim foi esse exemplo de generosidade, de altruísmo.

Para o filósofo francês André Comte-Sponville (2009, p. 97), assim como a justiça guarda em si algo de mais universal, intelectual ou refletido, "a generosidade é mais subjetiva, mais singular, mais afetiva, mais espontânea. [...] parece dever mais ao coração ou ao temperamento; a justiça, ao espírito ou à razão". Dessa maneira, a generosidade não precisa de tratados e leis, mas apenas de vontade para agir bem e querer-se assim. Dito em outras palavras, ser generoso é sentir-se livre e responsável, confiante na boa ação e no contentamento que isso produz. É a dedicação total ao outro, baseada no altruísmo.

Meu pai trabalhava como editor em uma das revistas de maior circulação do país. Aí se aposentou e foi morar em uma vila. Eu me incomodava muito porque ele parecia um zelador não remunerado: arrumava torneiras, regava as plantas, cuidava da casa de todo mundo. Eu vivia discutindo com ele. Imagine que ele tinha a cópia da chave da casa de toda a vizinhança. Um dia, inventou de desenhar móveis. A vizinhança fez uma vaquinha e arrecadou grana pra ele montar uma marcenaria na garagem. Hoje eu fico surpreso porque chega o Natal e ele não tem onde guardar os presentes que ganha. Isso é o ano todo. Tem até um cara que se mudou para o exterior e todo mês envia um presente para ele. No final das contas, ele me ensinou que a generosidade não tem preço. Essa é a vida que escolheu ter: servir a todos sem olhar a quem.

Comte-Sponville (2009, p. 107) compara o amor à generosidade e faz uma distinção que vale a pena mencionar: "O amor não se comanda; a generosidade sim: basta querer". Para ele, dar quando se ama está ao alcance de todos. Já ser generoso é "esforçar-se por amar e agir em consequência disso" (p. 112).

Segundo Yves de La Taille (2006, p. 62), essa virtude "consiste em dar a outrem o que lhe falta, sendo que essa falta não corresponde a um direito", como é o caso, por exemplo, da justiça. Um líder não deve privilegiar ninguém de sua equipe porque ninguém tem o direito de usufruir de vantagens. Seu papel, bem ao contrário, é o de reparar as desigualdades. O líder, no entanto, não é obrigado propriamente a cuidar das pessoas. Embora seja desejável e necessário, ele deve se interessar espontaneamente pelo bem--estar de sua equipe. Quando um funcionário demonstra algum tipo de dificuldade e o líder é capaz de reservar-lhe um tempo, por vezes até além do expediente, ele o faz movido por generosidade.

Do mesmo modo, toda vez que alguém se dispõe a colaborar sem segundas intenções, é movido por essa generosidade que tanto colore as relações. Ninguém esquece quando foi auxiliado em uma fase difícil; ninguém esquece, diante dos maremotos, o apoio nas horas de crise; ninguém esquece quando foi bem acolhido e orientado no novo emprego; ninguém esquece os gestos que agregam valor ao turbilhão cotidiano.

É muito provável, contudo, que as empresas estejam mais preocupadas em favorecer o cumprimento de regras do que em instigar a colaboração altruísta entre as pessoas. Ou seja, você deve cumprir certas diretrizes e se não o fizer será passível de punição, mas ajudará seu próximo se assim o quiser. Os favores nem sempre são incondicionais, mas parecem ser movidos por segundas intenções. A generosidade, embora muitas vezes ofuscada, ainda assim ocupa um lugar inigualável, pois é capaz de fomentar, como veremos mais adiante, valores tão cruciais como o espírito de equipe.

Solidariedade

COMO JÁ MENCIONAMOS, enquanto a justiça é um princípio de certo modo mais racional que atua no âmbito social, a solidariedade, tanto quanto a generosidade, não parece estar submetida ao senso de direito, mas a uma opção que leva os homens a se auxiliar mutuamente. Assim, alguns decidem dedicar a vida ou parte do seu tempo a realizar ações em prol do bem-estar do próximo ou da coletividade.

A solidariedade se constrói com base em experiências permeadas por respeito mútuo, reciprocidade e empatia, tendo a cooperação como principal estratégia. Demanda *saber* ser solidário (competência cognitiva), *querer* ser solidário (competência afetiva) e *poder* ser solidário (contexto favorável). Em outras palavras, ações solidárias dependem tanto de contextos individuais (hábitos, crenças, valores) quanto de contextos coletivos dinâmicos (ambientes cooperativos ou coercitivos, líderes que incentivem ou desfavoreçam a solidariedade etc.).

Inteligência social

SER SOLIDÁRIO E GENEROSO implica interações efetivas com as pessoas, o que abrange muito mais do que inteligência emocional ou interpessoal. Trata-se de inteligência social, que permite uma nova maneira de pensar a aptidão humana para o relacionamento. Daniel Goleman (2007, p. 98) divide a inteligência social em duas categorias: "a consciência social – o que sentimos em relação aos outros – e a facilidade social – o que fazemos de posse dessa consciência".

Consciência social é não apenas ser capaz de sentir o estado interno do outro, mas também compreender, lendo os sinais não verbais. Sentir não basta. É necessário se sintonizar com ele, entendendo sua manifestação (pensamentos e emoções). Representa igualmente saber de que maneira funciona o mundo social.

Não basta tampouco saber ou entender o que as pessoas sentem ou pensam. É fundamental uma real interação, saber moldar-se com adequação, "importar-se com as necessidades dos outros e agir com base nelas", observa Goleman (2007, p. 98).

Empatia e sintonia

NINGUÉM SERÁ GENEROSO se não sentir empatia, ou seja, se não perceber na hora as emoções dos outros. Um pouco mais refinada é a sintonia, quando, por exemplo, ouvimos com atenção alguém, procurando entendê-lo em vez de julgar, criticar ou dar nossa opinião. Embora a empatia e a sintonia pareçam dons naturais, qualquer pessoa pode desenvolvê-las mediante o hábito intencional de prestar atenção no outro.

Não é à toa que a habilidade de escutar (de se sintonizar com o outro) distingue os grandes líderes. É necessário generosidade para estar disponível ao outro, sentir o que ele sente, compreender seus pensamentos e necessidades e, por fim, promover o bem. O líder o fará se assim o desejar porque ele é livre para decidir como conviverá com sua equipe.

Dispor-se livremente a se responsabilizar pelo bem--estar das pessoas. De que maneira? No mínimo, prestando atenção nelas, na linguagem não verbal, nas queixas subliminares, em seu desempenho e em sua interação dentro da equipe. Dispor-se a escutá-las.

Aqui cabe uma ressalva. Quando apresento os resultados de diagnóstico à liderança de uma empresa, as reações são sempre ambíguas: de um lado, a própria "radiopeão" muitas vezes já se encarregou de disseminar os porquês do descontentamento das equipes, tornando os resultados, em parte, previsíveis; de outro, paira no ar um estranhamento ou a dúvida, como se os resultados, ao mesmo tempo, causassem espanto generalizado.

Alguns líderes, de fato, iniciam um árduo processo de autoavaliação. Em seguida, todos se perguntam: "Qual é a melhor abordagem? Como devo lidar com a equipe?" Minha orientação preliminar é a de que comecem a escutar as pessoas. O desafio é entender insatisfações, inquietudes, incertezas, dificuldades e expectativas. Afinal, empatia/sintonia se podem aprender. Por meio delas também é possível aprender a avaliar as situações emocionais, bem como os estados de espírito e as intenções dos outros, estreitando as relações.

Em síntese, não há como gerenciar pessoas sem conhecê--las, sabendo o que as mobiliza e orienta, o que as desmotiva e paralisa. Daí a importância de se colocar no lugar do outro, conhecendo aquilo que o torna único e singular.

> As pessoas precisam sentir que são valorizadas não apenas pelo que fazem, mas por quem elas são.

Essa capacidade do líder de se colocar no lugar do outro certamente influirá de maneira positiva no trato com a equipe. Quando, ao contrário, ele tem medo de suas emoções, tenderá a ignorar também os sinais emocionais dos demais.

Retomando, o essencial é a forma de se relacionar com cada pessoa. Sempre insisto na analogia entre o líder e os pais: você não pode tratar os filhos da mesma maneira. Cada um demanda uma atitude, de firmeza e de limites enérgicos ou mais branda e aberta ao diálogo. Os liderados também necessitam ser abordados de modo diferenciado.

> Alguns se satisfazem com poucas palavras vigorosas que os entusiasmam; outros só conseguirão se superar com o auxílio de orientações precisas que os ajudarão a desenvolver pontos de vista educativos; há quem prefira trabalhar sob pressão e quem ache suficiente a confiança que lhe depositam para deslanchar com seu melhor. (Di Nizo, 2009, p. 36).

Por outro lado, reconhecer a individualidade implica aceitar a diversidade. É necessário respeito e generosidade para transitar nos vários mundos, aprendendo a somar com as diferenças. Em uma mesma equipe, há pessoas com perfis distintos e habilidades complementares. Além disso, as equipes atuam em estreita interdependência. Essa riqueza do singular e do diverso representa o capital humano e social de uma empresa.

Espírito de equipe

LIDAR COM O PROCESSO de grupo é um grande desafio. Além dos já citados jogos de poder e das personalidades fortes, os velhos padrões de conduta são fatores que continuamente contaminam a atitude das pessoas. Elas, por sua vez, não sabem (ou esquecem) que quando se reúnem o irracional emerge com força total e o instinto de sobrevivência supera toda a lógica do grupo. Sem contar que a comunicação, infelizmente relegada ao segundo plano, é um instrumento valioso de interação. Assim, a realização das tarefas e, por conseguinte, o alcance das metas se veem comprometidos.

Por essa razão, a condição essencial para obter resultados é motivar cada indivíduo para o trabalho em equipe que respeita as diferenças. Ser capaz de entender o que se passa na cabeça das pessoas mesmo quando as ideias são mal expressadas. Confiar em cada um dos integrantes. Contribuir com cada um deles. Pessoas isoladas que se juntam e formam uma entidade que tem vida própria para partilhar as vicissitudes e conquistas, as crises e a motivação para superá-las, os objetivos e a vontade de alcançá-los.

Deixar de olhar apenas para nossas circunstâncias pessoais. Querer contribuir e partilhar o melhor de nós, construindo relações de parceria. Trabalhar em equipe, mais do que uma ciência, é uma arte inspirada nos princípios de generosidade e solidariedade. Para tanto, é necessário promover o cultivo de atitudes básicas.

Atitudes para o trabalho em equipe

ACOLHER é permitir que os indivíduos sintam-se confortáveis para expressar suas ideias sem medo. É um convite para que a pessoa se sinta "fazendo parte", percebendo que é tão importante quanto qualquer outro membro da equipe.

DIALOGAR é perguntar e escutar a resposta, se fazer ouvir e dar atenção. É estabelecer um contato imediato, se colocar no lugar do outro (empatia), suspendendo os julgamentos e as opiniões até certificar-se de que de fato compreendeu seu interlocutor (sintonia). É evitar a meia verdade, que é também meia mentira. É partilhar informação e conhecimento, abrindo um espaço para a troca produtiva.

CONFIAR é acreditar no potencial que as pessoas têm de desenvolver competências e talentos. É apostar que o acordo será cumprido porque a pessoa tem palavra e se compromete com o que diz (honra), sendo assim merecedora de confiança. Em outras palavras, confiança atrai confiança. Concordo com as escritoras Doris Martin e Karin Boeck (1997, p. 134): "Quando se dá a entender claramente a uma pessoa que é considerada honrada, a maioria das pessoas sente-se obrigada a comportar-se realmente de maneira honrada".

COMPARTILHAR é dividir sucessos e fracassos. É não ter medo de mostrar fraquezas, reconhecer sentimentos e expressá-los nos momentos adequados. É saber se colocar no lugar de alguém, compreendê-lo e respeitá-lo. É também reconhecer as dificuldades enfatizando, acima de tudo, o sentimento de que "estamos juntos nessa".

SER GENEROSO é dividir conhecimento e informação porque isso contribui com o crescimento profissional dos demais. É dividir seu tempo com os outros sem a necessidade de receber algo em troca. É socorrê-los, sem olhar a quem, nas horas de crise. É realmente uma disponibilidade genuína, sem reservas, de colaborar com outrem. É, diante dos erros, estar disposto a orientar e a corrigir os desvios de rota. Implica, muitas vezes, ser firme ao colocar limites para evitar a repetição de erros, jamais permitindo que uns se acomodem enquanto os demais trabalham dobrado (justiça). É preciso ser generoso para, estando atento aos objetivos estratégicos da empresa, preocupar-se com as pessoas e com o desenrolar da vida cotidiana.

PROMOVER A INTEGRAÇÃO é incentivar a cooperação entre os diversos setores da empresa. Em vez de olhar somente para os resultados da própria equipe, compreender e fomentar o conceito de interdependência que exige como estratégia a cooperação. Por essa razão, os líderes necessitam dar o exemplo: o corpo gerencial, em estreita colaboração, inspira as equipes ao trabalho conjunto. Em vez de fomentar o isolamento ou a disputa entre áreas, reforçar o conceito de integração. Ou seja, é por meio da colaboração que se atingirão os objetivos da empresa.

FAVORECER A UNIÃO é apostar na força que move as equipes. Afinal, como afirmam Noel Tichy e Eli Cohen (1999, p. 149), não basta desenvolver confiança e determinação, é preciso que as pessoas sintam que estão no mesmo barco porque a esperança do sucesso está em que, unidos, são capazes de confrontar os desafios e bater as metas.

ACREDITAR NA UNIÃO é injetar paixão pelo trabalho conjunto das equipes, que, juntas, representam um único time. É fortalecer o trabalho integrado em toda a organização, compreendendo a importância de mobilizar as áreas em prol dos mesmos objetivos. Desse modo, o trabalho colaborativo se transforma em um valor que guia as pessoas em todas as fases de transição, fortalecendo a identidade (um por todos e todos por um).

DELEGAR não é abdicar nem atribuir. Abdicar é a total transferência de autoridade e responsabilidade; atribuir é determinar a alguém que realize uma tarefa. Entretanto, delegar é transferir para outra pessoa nossa autoridade enquanto permanecemos com a responsabilidade. É o ato de permitir que outra pessoa tome decisões enquanto continuamos respondendo totalmente por seus erros e acertos. Por isso, toda delegação exige estabelecer com clareza um acordo tácito e bem definido.

EMPOWERMENT não é outorgar ou transferir poder, como no caso da delegação, mas aceitar, conviver e compartilhar uma visão de futuro e estimular as pessoas a utilizar seu poder para construí-lo. Não se trata do poder "delegado" pelos superiores, mas daquele que emana do próprio indivíduo. "*Empowerment*" é algo como "empoderamento", ação que possibilita que alguém tenha poder. Na empresa moderna, esse poder que emana das pessoas está sendo cada vez mais bem aproveitado, não por convicções políticas ou filosóficas, mas simplesmente porque dá resultado. A empresa não precisa ser democrática porque isso é bacana ou moderno, mas porque, quando isso é bem praticado, dá certo.

INTROSPECÇÃO

Até que ponto você tem se disponibilizado para prestar atenção nas pessoas? É capaz de perceber suas emoções sem julgá-las? Consegue se colocar no lugar delas (empatia)? É capaz de compreendê-las? Você tem estimulado o trabalho em equipe? As pessoas se sentem fazendo parte do mesmo barco? Elas colaboram umas com as outras? Você favorece a integração com as demais áreas? Para sua equipe você é um exemplo de trabalho cooperativo? Como tem sido seu entrosamento com os demais líderes? Você tem colaborado com os outros gestores?

Você pode discutir com sua equipe e solicitar a ela sugestões de integração. Converse também com seus pares a fim de que eles mobilizem igualmente os demais setores. Consulte as pessoas e organize com elas ações para avivar o espírito de equipe e integrar as áreas.

Se você deseja inspirar a colaboração entre os membros de sua equipe, precisa dar exemplo de generosidade. Você tem se mostrado disponível para contribuir com as pessoas? Você percebe quando alguém é generoso e sabe apoiar sua iniciativa?

A maioria de nossas ações visa a algum objetivo. Mas aqui o mais interessante é disponibilizar-se para o outro sem querer nada em troca. Procure reservar alguns minutos, diariamente, para ser generoso – até que isso se torne uma prática constante.

Coragem

NADA PARECE mais desprezível do que a covardia. Do mesmo modo, nada é mais admirável do que a coragem de confrontar o medo. Às vezes ela é um traço de caráter – o que não a torna menos admirável –, mas pode também se transformar em virtude quando está a serviço dos demais ou de uma causa geral, movida por uma vontade forte e generosa.

No dizer de Comte-Sponville (2009), todas as virtudes se relacionam e estão condicionadas à coragem. Assim, "as outras virtudes, sem prudência, seriam cegas ou loucas, sem a coragem, seriam vãs ou pusilânimes. O justo, sem a prudência, não saberia combater a injustiça; mas sem a coragem, não ousaria empenhar-se nesse combate" (p. 57).

O líder necessita de coragem para pensar, para superar entraves e resistências. É a vontade ferrenha que só depende dele mesmo. É o impulso de lucidez que permite não retroceder ante os obstáculos e transformá-los em oportunidades.

Serei capaz de vencer tantos leões? De um lado, é preciso perseguir os objetivos e aparar as arestas, destruir a erva daninha sem esmorecer. De outro, confrontar os impasses que ora não dependem de nós diretamente, ora esbarram em nossos pontos vulneráveis. Além disso, somos confrontados, diariamente, com injustiças que exigem de nós uma atitude. Sem contar que cuidar de uma equipe significa também se responsabilizar e lutar por ela. Liderar é estar a serviço dos outros e lutar por suas ideias e ideais. Isso exige coragem a toda prova.

Perseverança

LIDERAR DEMANDA perseverança, que permite enfrentar desafios e responsabilidades, experimentar coisas novas, correr riscos, se expor a situações que apresentem possibilidades de erro. Por fim, perseverar é estar sempre disposto a encontrar uma solução e nunca se dar por vencido diante de um impedimento.

De fato, há pessoas que, por morrer de medo de errar, nunca se atrevem a fazer acertos. Acabam cometendo o mesmo erro de inibir a criatividade. Por outro lado, há aqueles que, admitindo os erros, aprendem diariamente com eles e chegam a vencer porque ousam encarar sem receio do fracasso, assumindo riscos com responsabilidade.

A perseverança é, sem dúvida, uma aliada para combater os erros e acertar o passo, para alavancar projetos e colocar em prática as mudanças desejáveis.

Diligência

A PALAVRA "DILIGÊNCIA" vem do verbo latino *diligere*, que significa amar. *Diligens* (diligente) denota aquele que ama. Quer dizer também atividade, desvelo, empenho, esforço, força, solicitude, zelo, cuidado.

Remédio para a preguiça, a virtude da diligência consiste em seguir um objetivo ou qualquer princípio até alcançá-lo. É a diligência que possibilita alavancar projetos sem fraquejar. Em vez de enrolar e postergar, é a prontidão para deliberar e tomar decisões. Em suma, é lutar por uma meta.

Em meu livro *Foco e criatividade* (2009), discorro sobre a falta de foco que impera em muitos ambientes organizacionais. Alguns exemplos são recorrentes: começar muitas coisas sem concluí-las, amontoar pendências de toda ordem, postergar decisões ou *feedback*, entre outros. Nesse sentido, ser diligente é também se responsabilizar por construir um bom relacionamento entre as áreas ou saber oferecer um *feedback* adequado, fazer reuniões objetivas, usar a ferramenta do e-mail de forma correta etc.

Se fosse tão fácil resolver essas questões, um bom treinamento de administração do tempo daria conta do recado. Mas nada substitui o esforço individual. Para tanto, há de se educar o querer, tema do livro em que abordo, sobretudo, as questões que comandam o fortalecimento da vontade. Afinal, ter vontade ou querer não basta. É preciso fortificar ou robustecer, animar o querer. O resultado é a virtude de diligência, essa prontidão tão necessária para liderar.

Proatividade

NA PRÁTICA, liderar exige proatividade, pois representa tomar iniciativas, antecipar-se, estar antenado e, em vez de esperar, fazer acontecer. Entretanto, para tomar decisões corretas e antecipar-se às possíveis demandas, é preciso estar preparado e atento para adquirir conhecimento, experiência e informação. A proatividade representa um conjunto de atributos que andam de mãos dadas: comunicação, motivação, planejamento, tomada de decisões com agilidade e inteligência.

Em vez de ter ações reativas (deixar tudo para a última hora) e viver apagando incêndios, tomar ações proativas demanda planejamento: onde estou e aonde quero chegar. Ao visualizar situações futuras, é possível prevenir e ajustar desvios de rota, bem como estar preparado para o que der e vier. A pessoa reativa, por sua vez, espera que alguém lhe traga a solução para os problemas ou que uma boa oportunidade bata à sua porta. Ela sempre está munida de uma justificativa para se eximir da própria responsabilidade: a culpa é da alta cúpula, dos demais profissionais, da educação dos seus pais etc. Tudo são desculpas. Pior: não se toma nenhuma medida para sair do buraco.

Assim, liderar exige ser capaz de se antecipar e ser diligente, hábil e certeiro. Fazer escolhas não com base em interesses secundários, medo ou carências emocionais, mas sobretudo guiado por princípios e propósitos.

Uma pausa para falar de princípios e valores éticos

Criatividade

JUNTO COM AS TRANSFORMAÇÕES e o auge das novas tecnologias, é possível entrever uma nova cultura cuja mentalidade não mais considere o trabalho um dever, mas uma oportunidade. Jamais como agora o futuro do homem esteve tão entregue à sua criatividade. Nas palavras do sociólogo Domenico De Masi (2002, p. 417), "em lugar da hierarquia e da dependência, estão cada vez mais presentes a parceria e a cooperação criativa".

A verdade é que não sabemos quase nada de como se criam as ideias. Disso deriva a necessidade de inventar uma cultura da criatividade que atenda ao conhecimento dos processos criativos individuais e coletivos. Para quem quiser se aprofundar no tema, meu livro *Foco e criatividade* tem, entre outros objetivos, o de inspirar o exercício da criatividade nas equipes de trabalho.

É bom lembrar que as organizações que estão construindo o futuro colocam como prioridade máxima o desenvolvimento de suas equipes, dosando administração (disciplina/controle) com criatividade (ousadia/flexibilidade). Nesse sentido, os grandes líderes que se ocupam da gestão de pessoas investem na criatividade.

Diferentemente do gerente convencional, segundo John Kao (2001, p. 142), o papel do gerente criativo "é agir quase como um produtor de Hollywood, identificando grandes talentos e ideias, conseguindo os recursos necessários para fazer o filme e coordenando um processo que permita produzir o resultado desejado, ou seja, a criação de valor".

A capacidade do pensamento criativo resulta em encontrar novas possibilidades e vislumbrar sua plena aplicação. Isso significa alimentar o próprio processo criativo, tornando-se persistente e apto a altos padrões de trabalho. Por outro lado, exige paixão, um comprometimento natural quando a pessoa encontra razões (motivação) pela pura alegria de exercer sua função. O líder, por conseguinte, impulsiona as pessoas a superar limites, a trabalhar com prazer, ou seja, a amar o que fazem.

Além de favorecer a criatividade individual, o desafio da liderança é apostar em uma cultura de colaboração criativa. Fomentar a descoberta de novos caminhos, a melhoria constante dos processos e das relações, um ambiente aberto a novas e melhores ideias. Faço minhas as palavras de Domenico De Masi (2002, p. 593):

> E aqui entra em jogo a função do líder, que deve ser capaz de infundir no grupo tanto entusiasmo que neutralize esse excesso de racionalidade inibitória, transformando-a em liberdade de pensamento e de expressão, inclinação a falar e a ouvir, jogo, interação afetiva recíproca, profunda adesão ao objetivo comum, intensa fé na missão que o grupo deve perseguir.

Para tanto, cabe ao líder prestar atenção ao ambiente de trabalho e à qualidade das relações entre a equipe, bem como instigar a geração em conjunto de respostas aos mais diversos problemas.

A seguir, algumas características de grupo que favorecem a produção de ideias.

- Administração das tensões interpessoais.
- Cooperação.
- Comunicação eficiente.
- Prazer de estar na equipe.
- Projeto ou interesse comum.

- Receptividade às ideias mútuas.
- Liderança que promova a geração de ideias.

Em suma, o estímulo à criatividade depende de um exemplo de liderança diligente, proativa e inovadora.

No entanto, é mais comum do que desejável reuniões intermináveis que solapam o espírito inovador. Isso porque estão baseadas no uso do lado esquerdo do cérebro, ou seja, da razão. Há uma tendência corrosiva de supervalorizar a objetividade em detrimento da aptidão criativa.

Diante dos problemas diários, as pessoas ainda não aprenderam a usar ferramentas de criatividade para encontrar novas soluções. A primeira etapa do processo deveria sempre primar pela busca incansável de ideias para, somente em um segundo momento, decantá-las e submetê-las ao crivo da realidade.

Torna-se, então, necessário desenvolver a criatividade da liderança para que ela esteja apta a favorecer a colaboração engenhosa de suas equipes.

INTROSPECÇÃO

Em momentos de crise ou de mudança você demonstra coragem? Adia resoluções? Fica em cima do muro ou é resoluto? Na hora H você tem coragem de agir, prontidão para o que der e vier? Você estimula a coragem das pessoas? Luta por sua equipe?

Você se considera firme em seus propósitos? Tem disciplina para perseverar? O que pode demovê-lo de seu propósito?

Você se considera criativo? Diante de um problema que parece insolúvel, sabe usar recursos/técnicas de criatividade para abrir um leque de possibilidades? Entende de que maneira pode privilegiar a aptidão criativa ou esmorecê-la? Até que ponto você estimula a criatividade das pessoas? Sabe gerar ideias em grupo? Estimula a colaboração criativa, ou seja, que sua equipe encontre soluções em conjunto?

Diálogo

AS VIRTUDES, bem como os valores e os princípios, atuam em inteira interdependência. O círculo virtuoso depende, em primeira instância, tanto da decisão ética (quem eu quero ser) quanto da moral (como devo agir), que também trabalham em estreita parceria. Daí a importância de definir a todo instante o líder que você quer ser.

Em diferentes fases, as equipes necessitam antever e surpreender, superar crises e adequar planejamento. Precisam fortalecer a visão de futuro, apostar na rede de colaboração, ou seja, uns nos outros.

A cada momento, é necessário tornar mais vivos os valores, lembrando *como* estamos dispostos a atingir resultados. Por vezes, inclusive, é fundamental vitalizar alguns valores específicos que têm o poder de nos impulsionar e conduzir aos fins desejados. Se a equipe, por algum motivo, está desmotivada, é vital renovar o ânimo. O espírito de vitória, em dado momento, se transforma em um valor que guia as pessoas. Elas precisam se lembrar de todos os desafios superados, apostar na virada e no poder incomensurável da união de esforços. É hora também de injetar o valor da união, insuflá-los com o espírito de equipe. É o momento de fazer pequenas pausas e unir o grupo, de tirar do baú histórias de superação, usando o poder das palavras.

O poder das palavras

É INEGÁVEL a importância da palavra certa na hora adequada. Ela tem o poder de inspirar e cativar, mas também pode desmotivar e distanciar. A palavra pode curar, mas igualmente provocar perdas e rupturas. Tudo depende, então, da motivação intrínseca. Não se trata simplesmente do *que dizer* (conteúdo), mas *de como* (forma) e *para que dizer* (intenção). É possível desmoralizar tanto quanto ser firme (não duro) e enérgico e, ainda assim, elevar a moral das equipes. O que vale, em suma, é manter o foco no verdadeiro propósito: incentivar os valores necessários para comprometer as pessoas.

O papel dos valores é permitir justamente que as pessoas trabalhem de forma independente porque elas sabem *como*. Elas sabem o que será ou não tolerado. Para tanto, o líder necessita investir um tempo considerável na revitalização dos valores maiores (integridade, respeito etc.), como também dos valores mais triviais (trabalhar em equipe, proatividade, diligência etc.) que ajudam a alcançar as metas. "Portanto, uma das coisas mais valiosas que os líderes vencedores fazem é construir determinação e autoconfiança nos outros, para ajudá-los a tornarem-se líderes também", constatam Noel Tichy e Eli Cohen (1999, p. 136).

Em outras palavras, os valores têm a função de guiar e motivar. Isso acontece por meio de atitudes e da comunicação. Daí a importância da coerência e do discernimento, do uso consciente das palavras. A disseminação dos valores está relacionada à capacidade de dialogar com as equipes.

A parábola dos pregos

Conta a parábola dos pregos que o pai de um jovem de temperamento difícil lhe deu um saco de pregos, um martelo e uma ordem: cada vez que perdesse a paciência deveria fixar um prego na cerca dos fundos da casa. No primeiro dia, foram 37, mas com o tempo o número foi diminuindo, pois o rapaz foi percebendo que era melhor controlar os impulsos do que bater pregos. Até que chegou o dia em que, orgulhoso, disse ao pai que não precisava mais pregar, porque tinha aprendido a se controlar.

O pai, então, lhe disse para retirar um prego a cada dia que se mantivesse calmo e controlado. Depois de um tempo, o jovem contou ao pai sua vitória: não havia mais pregos na cerca. O pai sorriu e levou o filho aos fundos da casa. Observaram juntos a cerca e o pai perguntou: "E agora, o que você vai fazer para apagar as marcas deixadas pelos pregos?"

Palavras deixam marcas, e às vezes não nos orgulhamos delas. Sempre é melhor contar até dez.

Clareza de propósitos

ESTABELECER PROPÓSITOS para si e para seus colaboradores significa saber o porquê de suas ações a cada momento com intuito de estimular o trabalho, permitindo programar o tempo com eficácia. Se um funcionário, ao elaborar relatórios de vendas ou de produção, soubesse que o verdadeiro propósito é garantir informações que possibilitassem as melhores decisões, certamente seu trabalho seria realizado com mais motivação e entusiasmo.

Assim, liderar implica não apenas ter definido seu ponto de vista, mas como dar forma e desenvolver boas ideias e valores que inspirem os demais. Em síntese, além de saber o que pensa, estar apto a organizar os pensamentos de tal modo que sejam transmitidos aos outros com toda clareza. Muitas vezes trata-se da habilidade de interligar coisas que pareciam isoladas, enxergar o horizonte de possibilidades e unificar propósitos.

O líder necessita, de um lado, investir na melhora do desempenho individual e, de outro, levar a equipe para o mesmo fim, criando sinergia. É um grande feito construir equipes guiadas por um senso comum de propósito. É fundamental que cada colaborador saiba que tudo que faz é parte de um plano maior. E isso é o que realmente motiva as pessoas e permite obter delas o máximo de criatividade. Daí a importância de o líder se comunicar bem e enfatizar continuamente os objetivos maiores.

O poder de espalhar emoções

PARA DANIEL GOLEMAN, a arte da liderança consiste na forma como uma pessoa é capaz de implantar mudanças. Exemplo clássico é a redução de gastos que muitas vezes se faz necessária. É possível reduzi-los sem perder a confiança e sem baixar o estado de ânimo ou desmoralizar as equipes. Por isso, é imprescindível saber deduzir o impacto das ações, captar os sentimentos coletivos, muitas vezes submersos, podendo falar abertamente deles.

A motivação de um líder funciona como força motriz que congrega esforços para uma direção desejada. Nesse sentido, um bom líder otimiza recursos mobilizando integralmente as pessoas (visceral, emocional e intelectualmente). De fato, essa facilidade de espalhar emoções pode ser tanto positiva como negativa. Segundo Goleman (1998, p. 201), "uma liderança abrutalhada, arrogante ou arbitrária desmoraliza o grupo".

Assim, conforme o tratamento dispensado aos funcionários, um líder pode torná-los raivosos ou enraivecidos, como também impulsioná-los, inspirá-los e cativá-los. Tudo depende da base em que é construída a liderança. Trabalhar apenas para si, buscando o proveito pessoal, torna o líder manipulador. Ao contrário, quando existem respeito e desejo de trabalhar *para* e *com* os demais, gera-se um clima real de cooperação e lealdade.

Um dos maiores desafios da liderança é, sem dúvida, evitar o desânimo e manter a motivação, instaurando um clima de empolgação e engajamento. Não se trata de um conceito teórico, mas de uma atitude que impulsiona as equipes rumo à realização dos objetivos. De fato, quando as pessoas estão entusiasmadas com seu trabalho, é possível fomentar uma cultura baseada no prazer e na satisfação. Por isso, é necessário motivar cada indivíduo e toda a equipe. A seguir, algumas sugestões.

- Ordenar-se com constância, sabendo priorizar.
- Criar um sistema de trabalho rico em possibilidades.
- Acreditar realmente no potencial das pessoas.
- Oferecer desafios difíceis e viáveis.
- Oferecer oportunidades de crescimento.
- Reconhecer sinceramente os resultados obtidos e comemorá-los.
- Zelar pelo estado de ânimo coletivo.
- Comunicar-se com adequação, assertividade e entusiasmo.
- Instaurar a prática do diálogo constante (*feedback* formal e informal), individual e com a equipe.

O bom humor

Segundo Rosabeth Moss Kanter, famosa professora da Universidade de Harvard, existem algumas empresas em que a descontração e a alegria fazem parte da postura e atitude das equipes. É importante perceber a diferença entre ser sério (no sentido de responsável, confiável) e ser sisudo, fechado ou ameaçador. Assim, não só é possível como desejável ser sério nos negócios e alegre no contato pessoal, rigoroso no conteúdo e leve na forma, intransigente com os compromissos e descontraído na execução das tarefas. Rosabeth diz ainda que a empresa bem-sucedida será descrita pela teoria dos cinco efes: "fast, flexible, focused, friendly and fun" – rápida, flexível, focada, amena e divertida.

Para Jacqueline Miller (1997), consultora de Recursos Humanos em Burnsville, Minnesota, Estados Unidos, as empresas necessitam de líderes competentes que favoreçam um clima de harmonia e saibam ouvir os colaboradores. Mas o bom humor deve estar no sangue da empresa, na forma de delegar, de rir dos erros e de conduzir equipes. A Microsoft, por exemplo, é citada como empresa que não só aceita como estimula a liberdade e a diversão no ambiente de trabalho. De fato, a alegria dentro das organizações passou a ser condição *sine qua non* para um aumento significativo da produção, da qualidade de trabalho e do envolvimento dos colaboradores.

Por outro lado, é inegável que a crescente pressão sobre o trabalho afeta negativamente a produtividade e os resultados financeiros finais. Por isso, as empresas estão praticamente sendo obrigadas a encarar a necessidade de melhorar o clima organizacional, reconhecendo a importância do bem-estar coletivo.

Várias pesquisas demonstram que o bom humor reduz a tensão e suas consequências, como problemas cardíacos, distúrbios digestivos, gripes e outras doenças. A comunidade médica é unânime quanto ao fato de que risadas e bom humor fazem tão bem à saúde que contribuem para a cura de moléstias. De fato, a alegria estimula a liberação de substâncias químicas como endorfina e adrenalina e aumenta a sensação de bem-estar, possibilitando ideias e decisões mais criativas, favorecendo a melhora dos relacionamentos, da autoestima, da saúde e do desempenho na busca da qualidade.

Mas onde está a fronteira do humor? Uma equipe funcional e criativa precisa demarcar as fronteiras das brincadeiras aceitáveis e inaceitáveis. Afinal, o que parece engraçado para alguns pode ser incrivelmente indigesto para outros. A fim de estabelecer um ambiente de confiança, é imprescindível não aceitar ridicularizações e sarcasmo, que destroem a autoconfiança. Do mesmo modo, é vital admitir que o senso de humor ajuda a dispersar qualquer mal-estar.

Vejamos um bom exemplo. O que acontece quando, ao falar em público, temos um "branco"? A adrenalina espalha-se pelas células cerebrais. É como se o cérebro mergulhasse em um processo primitivo e o medo apagasse os bancos de memória. Se nesse momento alguém contar uma história engraçada, é provável que a pessoa, estando descontraída, resgate a informação temporariamente esquecida. Isso porque, em um estado de relaxamento, nosso cérebro funciona com muito mais rapidez e eficiência.

O peculiar e o diverso

TODOS OS VALORES confluem no diálogo. A generosidade, por exemplo, implica acolher o outro, respeitar e, por conseguinte, dialogar. A coragem, por sua vez, representa também dizer o que é necessário, despojando-se diante do outro. Trabalhar junto exige honrar tanto a diversidade quanto a unidade.

Cada pessoa necessita de diretrizes e orientação particulares para que suas potencialidades cresçam e desabrochem. Em vista disso, o modo de se expressar deve se adequar às especificidades, ao jeito de ser do interlocutor. Afinal, o objetivo de dizer é se fazer entender. Cabe ao líder encontrar a melhor forma de sensibilizar as pessoas, de cativá-las e inspirar o melhor delas. Em síntese, uma cultura de confiança e respeito depende, essencialmente, de diálogo.

Escassez de informação e de diálogo

EM MUITAS EMPRESAS, boa parte da insatisfação dos funcionários recai sobre a escassez de informação e de diálogo.

> Falta informação. Falta conversa com o chefe, falta diálogo com a equipe.

Nessa mesma linha, existe o sentimento de que o e-mail não pode substituir a conversa "olho no olho".

> O líder repassa o que é importante por e-mail. Isso não é certo. Ele tem de chegar e conversar com a gente.

Em suma, abundam comentários sobre a inadequação da comunicação dos líderes.

> Eles só sabem dizer que não estão autorizados a dar mais informações e soltam o rojão. A gente que se vire e passe o resto do ano com tudo aquilo atravessado.

> Os caras não sabem conversar!

Quando as equipes são questionadas quanto ao que se espera do relacionamento e/ou da atitude da liderança, a maioria é unânime em apontar a necessidade de capacitar os líderes no quesito comunicação/gestão de pessoas.

O encarregado nem sabe dizer bom-dia. Dá pra imaginar o resto, não? O líder precisa ouvir a equipe.

A chefia precisa aprender a enxergar o funcionário e a tratar a gente com respeito.

São muito frequentes comentários que apontam que a ética/o respeito precisam permear a comunicação.

Tem de haver ética para falar, aproveitar o potencial do funcionário. Na verdade todos os encarregados, gerentes e demais chefes deveriam fazer cursos para comandar com dignidade. Quem sabe as coisas não comecem a mudar.

Prepotência é o que mais incomoda. A chefia precisa aprender a falar com jeito, com educação, com respeito.

Em resumo, o que falta é relacionamento, diálogo.

O líder tem que se aproximar da gente, conversar mais. Estamos necessitando mesmo de diálogo.

E, acima de tudo, as equipes anseiam por retorno/*feedback*.

A gente nunca sabe se está no caminho certo e só recebe reclamação quando algo dá errado. Pergunta se o cara chega pra gente e elogia a nossa dedicação?

É disto que a gente está precisando: de retorno.

Estou cansado de ouvir gente reclamando que descobre as coisas no corredor da empresa porque o chefe dele nem dá pelotas.

Em maior ou menor grau, a ineficácia da comunicação da liderança é sempre um dos fatores que mais desmotivam as equipes. As pessoas ora se queixam da inadequação (grosserias, frieza etc.), ora da inexistência de diálogo e, muito comumente, da falta do repasse de informação.

Vários entraves no ambiente organizacional referem-se, como já vimos, à ausência ou à insuficiência de informação sobre plano de carreira e sobre premiações, o que pode constituir desconforto até mais significativo do que a falta do benefício em si. Por exemplo: não saber quais são os critérios usados para análise das premiações concedidas a alguns dos funcionários gera muita insatisfação.

Penso que parte da insatisfação não é pelo dinheiro, mas sim por não saberem em detalhe o seu nível de desenvolvimento. Uma coisa é recompensa, outra é reconhecimento, que nutre o ser humano para produzir mais.

A justificativa para a falta de esclarecimentos costuma ser a escassez de tempo. É fato que a liderança, em várias ocasiões, prefere delegar ao departamento de Comunicação, quando não à área de Recursos Humanos, a tarefa de informar e dialogar. Ora, as questões, por exemplo, de cargos e salários e/ou premiações dizem respeito diretamente a cada líder e sua equipe. A transparência é a única medida saudável de dirimir conflitos e de, por meio de conversas, confrontar os desafios, deixando claro que o propósito maior não é conceder vantagens, mas beneficiar a todos e parabenizar em particular quem fez por merecer.

Tudo aquilo que corre solto na famosa "radiopeão" diz respeito às dúvidas e inquietudes dos funcionários. Havendo mais transparência, a roupa suja se lava em casa – entre líderes e liderados, portanto.

De fato, as pessoas querem ser tratadas com dignidade e respeito. Para elas, ser ético é tratar bem as pessoas, saber escutar e dialogar. A falta de tempo consagrado ao relacionamento é, sem dúvida, um problema que afeta a qualidade da convivência, ou seja, os resultados.

Em síntese, na percepção das equipes, no quesito comunicação, a liderança prima pela omissão e/ou pela inadequação. Em consequência, as pessoas se sentem "descartadas" e se queixam da falta do diálogo aberto. Elas querem uma relação "corpo a corpo", ou seja, um relacionamento mais humanizado.

Afinal, a empresa depende de equipes alinhadas, trabalhando em uníssono em prol dos objetivos estratégicos. Esse alinhamento se dá por meio da gestão de pessoas. Além disso, os procedimentos, o *como* agir, não dependem exclusivamente de regras, mas sobretudo da gestão dos valores. São estes que permitem, entre outras coisas, humanizar a cultura organizacional.

Para tanto, é necessário liderar pelo exemplo, adotando uma atitude dialogadora. A retenção de talentos, bem como a formação de futuros líderes, acontece em tempo real, em um espaço de aprendizagem que depende de uma comunicação ética e eficaz.

A todo momento, por meio do diálogo, se avivam *o como, os para quês, os por quês, para onde,* enfim, *quem queremos ser*. A comunicação interpessoal é, portanto, ferramenta estratégica da liderança, premissa ética e moral.

A escuta dialogadora

EM GERAL, as entrevistas em profundidade e os grupos voltados para o fim específico de diagnosticar e propor um programa de treinamentos decorrente acabam se transformando, para os participantes, em um momento de desabafo. Ao final, elas sempre agradecem a oportunidade de compartilhar suas inquietudes e incertezas, sua história. O que demonstra o desejo premente de se fazerem ouvir.

As pessoas anseiam por esse tipo de escuta sem preconceitos, sem julgamentos; desejam apenas que alguém lhes dê atenção com o único intuito de compreendê-las. É disso que se trata: uma escuta aberta ao diálogo, à troca de experiências e de saberes. Uma escuta que é partilha, mas também comunhão. Momentos (infelizmente raros) em que o outro é honrado, considerado uma identidade única, digna/merecedora de nosso melhor.

Na escuta ativa não existe preocupação em ter menos ou mais razão; o foco, ao contrário, é entender as distintas perspectivas e criar uma ponte de conhecimento e respeito mútuos.

Diante do turbilhão diário e da pressão galopante por resultados, qualquer pessoa dirá que prestar atenção no outro e procurar compreendê-lo é uma missão hercúlea que, entretanto, devemos perseguir como ideal, como atitude.

A comunicação é a chave de ouro

SE VOCÊ TEM UM BOM relacionamento familiar, já comprovou a importância de uma boa comunicação. Quando as relações estão estremecidas, faltam diálogo e disposição para lidar com nossas diferenças. O clima fica pesado e, por vezes, perdemos o bom-senso e até o respeito. O peso emocional acaba furtando-nos a razão e nos esquecemos de contar até dez.

O contrário também é verdade: quando tudo está a mil maravilhas, prestamos atenção uns nos outros e a partilha diária é quase uma bênção. Faz bem ao coração. Conseguimos ser diligentes para resolver os problemas, temos disposição para apoiar o outro, enfim, nos aproximamos desse estado de felicidade tão desejável. É quando, mesmo sem perceber, partilhamos o melhor da vida e, por conseguinte, zelamos uns pelos outros. Isso gera enorme satisfação.

Acontece que, quando estamos em uma empresa, nossos valores nos acompanham. A mesma predisposição ética e moral formata quem queremos ser como profissionais. Todas as relações no ambiente de trabalho, com clientes internos e externos, dependem dessa decisão. É por meio da comunicação que podemos criar uma rede sólida de colaboração, que perseguimos os objetivos e metas, que incentivamos ou inspiramos os demais.

O diálogo exige coragem para confrontar as crises e dizer o que é preciso sem rodeios, sem meias verdades. Requer absoluta transparência e coerência para ser justo. Exige generosidade para cuidar das pessoas. Requer respeito à dignidade, porque uma pessoa honrada respeitará seus parceiros de trabalho e não medirá esforços para ser merecedora de confiança. Demanda diligência para corrigir os desvios de rota e evitar que uns trabalhem mais que outros. Requer acolher para que todos, sem distinção, se sintam parte do mesmo time. Exige avivar continuamente a missão e a visão, bem como os valores, porque é a única maneira de garantir um crescimento sustentável, pois é ético.

Logo, a atitude dialogadora deve ser um valor maior que guie todas as ações e decisões. Cabe ao líder informar e comunicar porque essa é a premissa ético-moral por excelência.

Atitude ética por e-mail

INEVITÁVEL, nos dias atuais, notar que tateamos para definir a netiqueta – conjunto de boas maneiras, ainda em discussão, para o uso do correio eletrônico. De alguma forma, pretende-se regular o relacionamento de milhões de usuários ligados à rede. Desprovida da inflexão da voz e da linguagem corporal, uma mensagem pode causar um efeito bombástico, mal-entendidos e desconforto.

Muita gente ainda não sabe que escrever um e-mail com letras maiúsculas é o mesmo que gritar! Outras insistem em invadir nossa caixa de mensagens com lixo eletrônico ou urgências, sem o mínimo critério. Aliás, atropelar as pessoas com uma avalanche de ansiedades e urgências replicadas é mais do que uma gafe: é insensato, insano.

A maioria das pessoas vive com a caixa de e-mails abarrotada. Para facilitar a vida de todo mundo, ajuda muito, por exemplo, definir adequadamente o assunto da mensagem. Assim, o destinatário poderá decidir a prioridade da leitura.

As cópias ocultas são imperdoáveis quando o problema é falta de confiança. Ou, ainda, copiar pessoas que nada têm que ver com o assunto em questão. Sem contar que virou praga usar o e-mail para passar adiante os problemas, uma maneira de eliminar responsabilidades. Ou, ainda, copiar todo mundo porque se lá na frente houver problemas exime-se da responsabilidade.

O e-mail é a forma de comunicação interpessoal mais utilizada que foi criada para mensagens breves. Em suma: texto curto, claro e objetivo. Nada de despejar intempestivamente muitas ideias. Quando o assunto for longo, é recomendável um telefonema ou uma reunião.

O e-mail corporativo é porta-voz da empresa e requer, por conseguinte, credibilidade nas informações. Do mesmo modo, a imagem profissional do emissor também está em jogo. Respeitar destinatário, bem como conteúdo e forma, exige o domínio da linguagem escrita. Em suma, implica comprometer-se com o comunicador que você é.

Os problemas das mensagens eletrônicas, na maioria dos casos, decorrem de dificuldades de autoexpressão (deficiências de linguagem, de articulação do pensamento) e de relacionamentos diários. Pior, se multiplicam, com a velocidade peculiar da internet.

Por onde começar? Verdade seja dita: as empresas estão "suando a camisa" na tentativa de regular o uso da ferramenta. Diante desse cenário, muitas vezes, sou obrigada a dizer aos meus clientes que nem um conjunto de regras nem a imersão em gramática podem abarcar a amplitude da questão.

Os processos de comunicação dizem respeito ao necessário bom-senso. Não é possível aquilatá-lo, mas é primordial refletir sobre os valores que decidem a natureza das relações no cotidiano e, consequentemente, a atitude de comunicação por e-mail. Por isso, o ponto central é a revitalização de uma bandeira ética que, por meio da escrita, se transforma em responsabilidade compartilhada.

A confiança é um valor inegável. O exemplo da cópia oculta denota, em muitos casos, a precariedade das relações. Sem contar que, não raro, a necessidade exagerada de selar tudo por escrito é prova cabal de que nossa palavra perdeu

Reinventando a liderança **135**

o valor. A falta de confiança é a antítese de uma comunicação saudável.

Outro termômetro para diagnosticar a saúde (ou a doença) da convivência é o respeito às regras de boa educação. É o bom-dia, por favor, obrigado que facilita o entendimento porque humaniza e, sobretudo, me coloca no seu lugar. É o antídoto capaz de frear o crescimento a qualquer custo que determina como construir um sentido coletivamente. Significa atitude pacífica e dialogadora. Portanto, atenção bilateral: na qualidade e na adequação do texto, na leitura atenta à mensagem que envio e recebo.

Convém ler um e-mail com calma, respirando nas entrelinhas e dando-se tempo para entender a mensagem. Recomendo respondê-lo com atenção redobrada, porque quem lhe escreveu espera uma atitude compreensiva, objetiva, compassiva ou enérgica. O respeito está por trás da disponibilidade de compreender e de se fazer entender, essencial na qualidade da comunicação.

Antes de tudo, proponho a revitalização dos valores. Buscar, incansavelmente, os motivos reais que podem orientar/estimular uma comunicação ética.

INTROSPECÇÃO

Você se considera aberto ao diálogo? Conversa com as pessoas e lhes dá retorno no dia a dia ou espera os *feedbacks* formais para falar-lhes de sua *performance*? Elas se ressentem da falta de *feedback*? Já perguntou à sua equipe se ela está satisfeita com a orientação que recebe?

Você tem o hábito de conversar com sua equipe? Dedica tempo a informar-lhe e a comunicar com clareza as decisões? Como você tem minimizado o impacto da "radiopeão"? Você entende que comunicar é sua missão por excelência? Você se considera um bom comunicador? Por quê?

Sabe ouvir as pessoas com atenção? Dedica tempo a escutá-las e a compreendê--las? Entende suas necessidades? O que tem feito a esse respeito? Você se considera uma pessoa bem-humorada? O que tem feito para promover o alto-astral da equipe? Como você pretende criar energia emocional positiva nos demais? De que maneira pensa mantê-los motivados?

Por uma cultura de valores

Capítulo III

Proseando sobre valores

Os TREINAMENTOS focados nos temas "cultura" e "valores" possibilitam um aprendizado tão rico quanto aqueles que se baseiam em outros assuntos; porém, devido à natureza específica de suas discussões, eles exigem dos participantes doses cavalares de humildade. Isso acontece porque a proposta é justamente a reflexão sobre o cotidiano, questões que levam, muitas vezes, a dilemas ético-morais mas, por meio do confronto produtivo de opiniões diversas, descortinam de forma reveladora e intensa caminhos renovados (iluminados) para lidar com as questões difíceis do mundo dos negócios.

Em vez de utilizar o formato em U ou o esquema tradicional das salas de aula com o cansativo *PowerPoint*, a prática da **Casa da Comunicação** valida a roda em torno da fogueira que aproxima as pessoas e as coloca, a todas e uma ao lado da outra, na mesma ciranda para um dedo de prosa.

Considero muito importante ter a "prosa" e fico impressionado e maravilhado porque, quanto mais dividimos nosso conhecimento com outras pessoas, mais o multiplicamos.

Despeço-me com a certeza de não mais desperdiçar as oportunidades de ouvir e conhecer os tesouros mais valiosos que as pessoas trazem com suas histórias.

Além disso, visto que o tema dos valores é pouco tratado nas empresas, acreditamos que a abordagem adequada não deve pecar pelos excessos conceituais. Por outro lado, falar de valores é falar de si mesmo, ou seja, da visão sempre única e repleta de histórias que edificam as escolhas pessoais.

Desse modo, não é possível tratar do assunto sem exercitar o respeito a toda prova: o diverso que encontra ressonância no peculiar – que, por sua vez, ecoa como expressão do que há de mais genuíno em cada indivíduo. Daí a experiência de cada grupo ser única e, ao mesmo tempo, universal, porque o exercício do diálogo legitima as aspirações, dando um sentido e um rumo à reflexão que constrói o conhecimento.

O termômetro dos valores

COMO JÁ VIMOS, o respeito é o valor considerado mais relevante na construção de uma ética de convivência social. Por outro lado, sua definição conceitual, longe de ser unânime, está relacionada a distintos aspectos que confluem na autoexpressão e no diálogo.

Assim, a expressão corporal presente nas situações corriqueiras do dia a dia – numa conversa formal ou informal, durante uma reunião ou num papo de corredor etc. – é possibilidade prática para o exercício do respeito. É nesse sentido que o contato visual, a entonação, a escolha do vocabulário e os gestos também *dizem* muito na hora da conversa. Prestar atenção no outro, intencionalmente, é considerado um ingrediente valioso que reforça a velha tese de que saber ouvir faz toda diferença.

> Vou me aproximar e escutar mais as pessoas que estão ao meu redor...

Nessa linha, atitude desrespeitosa seria fazer três coisas ao mesmo tempo sem prestar atenção no interlocutor; usar um tom grosseiro ou impositivo permeado por um vocabulário inadequado (palavrões); abordar as pessoas de forma errada com excesso de intimidade ou frieza; cochichar. Enfim, agir de forma que demonstre falta de atenção ou transparência.

Já para outras pessoas, o desrespeito tem mais que ver com o não cumprimento de horários, com exigências feitas a toque de caixa que obrigam a horas extras de trabalho, com a cobrança excessiva, a falta de clareza ou a omissão de informações. Também tem relação com falta de infraestrutura, falta de retorno e de comemoração, metas irracionais etc.

Acima de tudo, em diferentes grupos, o desrespeito também é associado à ausência do velho e bom diálogo que tempera as relações. De fato, os demais valores, em graus diferentes, também são percebidos sempre pelo viés da comunicação ou da expressão.

O tema dos valores, embora considerado importante, dificilmente recebe o tratamento devido e nunca parece estar em voga ou inserto no cotidiano. Ao mesmo tempo, é sempre mais simples definir a não efetividade dos valores do que discorrer acerca deles. Então, ninguém tem dificuldade de apontar o desrespeito, a falta de transparência, de integridade ou coerência, mas na hora de conceituar o que representam os valores as pessoas titubeiam para encontrar as palavras certas e dividir impressões ou crenças.

As expectativas no quesito valores

DURANTE A FASE DE DIAGNÓSTICO, o interesse dos colaboradores está centrado na normatização. Em outras palavras, eles querem saber como atuar para que sejam avaliados de forma positiva. O valor subjacente da ascensão da carreira costuma resumir-se ao *status*. Os líderes, por sua vez, se preocupam com a imagem e o alinhamento ao discurso organizacional, também com foco na ascensão da carreira.

Por esse motivo, é importante que a imersão em valores não se restrinja à discussão sobre os valores da empresa. Ao contrário, é desejável criar um espaço protegido e privilegiado para que haja uma real troca de experiências, cujo norte seja a reflexão que inspire a liderança a se tornar guardiã dos valores. Para tanto, é necessário entender os *gaps* entre valores pessoais e os efetivamente praticados nos bastidores da empresa.

Uma vez em ambiente seguro, os participantes expressam suas expectativas, sempre relacionadas a uma necessária e rica troca de experiências e de boas práticas. Há também aqueles que desejam aprender a lidar com as diferenças de valores e, ainda, outros que se preocupam em averiguar se existe entre eles alguma "miopia" que impeça a prática desses valores.

A palavra-chave dos líderes é "reflexão". Sim, eles desejam uma pausa para conversar sobre como vivenciar, de fato, os valores; como lidar com as diferenças de crenças e com os dilemas; como traduzir as sutilezas dos conceitos em prática compartilhada.

Acredito que foi um dia produtivo para mim. Quantas reflexões pessoais deixamos de fazer no dia a dia por conta da necessidade da entrega. De fato, ajustar nosso conhecimento sobre nós mesmos, sobre como nos tratamos e tratamos nossos valores, é uma excelente forma de diminuir o *gap* entre quem somos e quem queremos ser. Nossa atitude na empresa é consequência de nós mesmos.

Há ainda quem se preocupe em identificar como contribuir de modo mais eficiente e em como ser mais justo ou coerente com as pessoas, criando um espaço de reciprocidade e uma vivência baseada no respeito e na confiança. Ainda nessa linha, há líderes que desejam um momento de autoconhecimento e de reflexão a fim de resgatar os próprios valores.

> O mais importante desse treinamento foi sair da superficialidade em que vivemos todos os dias e nos aprofundarmos em questões tão importantes como o autoconhecimento, nosso relacionamento com outras pessoas e a empresa, nossos valores, a ética... Levo, daqui pra frente, um desejo maior de autorreflexão e de inspirar a generosidade – que, talvez, estivessem esquecidas no meu dia a dia.

A visão da cultura organizacional

No QUESITO CULTURA, tanto durante as fases de diagnóstico quanto no início dos treinamentos, a fala dos líderes é, em primeira instância, uma tentativa de validar o discurso organizacional. Eles conseguem identificar alguns comportamentos que traduzem o "jeitão" de ser da empresa, mas dificilmente entendem que um comportamento pode tanto ser saudável e desejável quanto pecar por omissão ou excesso. Em muitos casos, ninguém entende ao certo o que seria a cultura interna, portanto a conversa pode permanecer no limiar da superficialidade ou se resumir a uma visão maniqueísta.

Os traços mais característicos que encontram ressonância nos líderes dizem respeito ao foco em resultados, ao modo peculiar de lidar com o horário dentro da empresa, à mobilidade entre departamentos e cargos, à mudança constante de escopo de gestão e à extrema rotatividade do pessoal. Em algumas ocasiões, o foco em pessoas é considerado preponderante, sobretudo nos temas que se relacionam à ascensão da carreira. Já o quesito bem-estar é quase sempre relegado a segundo plano. Outra característica apontada é o difícil equilíbrio entre políticas de redução *versus* qualidade. Quando realizado de forma eficiente, o debate sobre os comportamentos permite que se descortine um rico panorama do conjunto sistêmico e orgânico e mostra tratar-se de um "cenário" em constante evolução, pois falar em cultura é falar também de pessoas e daquilo que as mobilizam. Os pontos fortes são justamente os pontos nevrálgicos que podem tanto estimular as equipes quanto desmotivá-las. O foco em resultados, por exemplo, costuma ser um fator agregador que devolve às pessoas o senso de pertencer a um time vencedor sob constante desafio. Por outro lado, se na corrida desenfreada por resultados a gestão de pessoas permanece em segundo plano, a insatisfação acaba sendo proporcional não apenas à improdutividade como à não efetividade dos valores.

> A minha primeira impressão foi perceber que mesmo alguns valores com os quais concordamos e acreditamos, como o foco em resultados e o alinhamento, também geram efeitos nocivos. O efeito nocivo do foco em resultados é quando deixamos a gestão de pessoas para segundo plano; o do alinhamento às avessas é quando perdemos a espontaneidade e a riqueza do confronto produtivo em prol de alianças políticas.

As promessas em sala de treinamento

UMA VEZ IMERSAS na reflexão dos valores, as pessoas saem sensibilizadas e compreendem a importância de prestar atenção em si mesmas e naqueles com quem convivem. Afinal, o conjunto de crenças e valores representa o alicerce por meio do qual elas construíram a própria identidade. A primeira conclusão, quase que espontânea, é quanto o processo de aculturamento, muitas vezes, acaba por distanciá--las de si mesmas.

De maneira subliminar, parece que o sentimento de pertencimento, tão necessário, vem acompanhado de um esvaziamento dos pontos essenciais que configuram o jeito próprio e único de ser. As pessoas se sentem fazendo parte de um todo maior que solapa o que há de genuíno e peculiar em suas expressões. Assumem o compromisso de zelar pela organização, mas esquecem de zelar por seus próprios valores.

Em seguida, vem a consciência de honrar a fidelidade consigo mesmas como requisito para comprometer-se com a organização e, por conseguinte, se tornar guardiãs dos valores. É necessário, então, como pré-requisito, a coerência interna de validar seu próprio sistema de crenças e valores. Esse grau de coerência tem que ver com integridade e autorrespeito.

> Olhar tudo com as "lentes" dos nossos valores. Todos nós podemos diminuir o *gap* entre o cenário atual e o cenário desejado. Devemos ser exemplo tanto na vida pessoal como na vida profissional. Precisamos investir tempo para refletir sobre nossos valores e nossas atitudes.

Por fim, o processo desvela o desejo de conhecer melhor as pessoas, de discutir abertamente com as equipes sobre a diversidade de credos e valores. Em suma, emerge o sentido comum de entender as reais necessidades das equipes, de agir de forma mais transparente com elas, equilibrando o foco em metas com o cuidado com as pessoas.

Acredito que como líderes devemos buscar o equilíbrio entre entrega e construção de uma boa equipe. Descobri que sabemos pouco sobre as pessoas que estão do nosso lado, ou seja, quais são suas histórias, seus problemas, seus objetivos, o que as alegra. Olhamos para as pessoas do nosso trabalho apenas pelo lado profissional e muitas vezes as julgamos sem saber nada acerca delas. Devemos ser jardineiros todos os dias e cuidar dos nossos colaboradores.

Há um consenso sobre a capacidade de se observar e se avaliar serem condutas inseparáveis para que se minimizem os *gaps* entre os valores pessoais e os da empresa, bem como entre a cultura atual e a desejada. Por outro lado, muitas vezes há uma forte mobilização no sentido de resgatar a coerência entre o falar e o agir. Nessa linha, os líderes se propõem a cumprir horários e a não incentivar as horas extras, pois julgam que é importante consagrar tempo à vida pessoal. Eles entendem que devem adotar um comportamento que possa servir de exemplo para as outras pessoas.

Outro ponto no qual costuma haver consenso é aquele que enseja a prática do respeito, que leva a conhecer melhor as pessoas e a dialogar com a diversidade, criando, por conseguinte, um ambiente mais saudável. O primeiro passo para a maioria deles é praticar a empatia, importando-se com o outro, aprendendo a enxergar de distintos pontos de vista e, ao mesmo tempo, evitando os pré-julgamentos ou preconceitos. Cabe aqui ressaltar que há unanimidade na atitude a ser cultivada na escuta atenta, buscando captar o sentimento e a percepção dos demais. Por isso, o hábito de ouvir no "piloto automático" é considerado nocivo na construção dos relacionamentos.

Para muitos líderes, o respeito também passa por estimular a comemoração e o trabalho em equipe. Por isso, esses líderes julgam necessário investir na leveza de um ambiente permeado pelo bom humor, pelo cultivo de um espírito de união que permita a cada um enriquecer a experiência de todo o grupo. Dedicar tempo às pessoas e ao bem-estar de todos: é desse modo que alguns líderes desejam minimizar as influências negativas advindas, por exemplo, da propagação de conflitos. Uma vez mais a comunicação assertiva e o diálogo aberto são primordiais.

Outro ponto ressaltado em diversos grupos é aquele que se propõe a combater a complacência ou a omissão e, assim, confrontar os desvios de rota. Em outras palavras, trata-se de não se acomodar e motivar a discussão e a prática efetiva dos valores. Nessa linha, há uma clara disposição a se manifestar sempre que há quebra dos preceitos triviais de uma convivência baseada no respeito mútuo.

A consciência de que meus valores não podem desaparecer perante as dificuldades do dia a dia e nem ser corrompidos com preço e oportunidades tentadoras.

Agir com sinceridade e generosidade em todas as situações, fazendo que o respeito esteja sempre presente.

Um ponto de consenso é aquele que permite ao líder inspirar outras pessoas e estar mais atento aos detalhes do cotidiano e às relações interpessoais. O cerne da questão para muitos líderes é a capacidade de prestar atenção em suas formas de relacionamento e atuação em todos os âmbitos do mundo organizacional. Trata-se, portanto, de procurar refletir antes de agir, pois, sem perceber, eles podem estar desrespeitando as pessoas, já que as visões de respeito também tendem a divergir entre si.

O grande desafio que alguns líderes se propõem é criar um ambiente pautado em valores pessoais que sejam consonantes com os valores da empresa. Por isso, eles consideram o resgate dos próprios valores condição para mantê-los efetivos no cotidiano. Respeitar-se é, portanto, a palavra-chave que pode alavancar o respeito mútuo dentro das equipes.

Por fim, mas não menos importante, alguns líderes enfatizam a generosidade como atitude altruísta necessária para uma convivência mais humanizada. Em vez de agradar a todos, ser autêntico e conivente apenas com os aspectos que constroem uma conduta ética. Nesse sentido, a maioria dos líderes concorda em que conversar mais com as pessoas é requisito para motivar a prática dos valores e as mudanças culturais desejáveis.

O tema dos valores na vida organizacional

A CASA DA COMUNICAÇÃO vem organizando eventos abertos, como o que chamamos "Café com bolo adoçado com filosofia". Esse é um jeito gostoso que encontramos de somar nas diferenças e fazer uma pausa para falar sobre valores. Em grupos menores, em vez de propor uma pauta, os participantes escolhem um tema de seu interesse. Em grupos maiores, podemos tanto conversar abertamente quanto seguir um roteiro previamente definido.

O que importa é dar espaço para o confronto de ideias, para a partilha das experiências e das inquietudes. Em síntese, os participantes gostam mesmo é de se expressar livremente, sabendo que não existe o certo ou o errado; ao contrário, deve persistir apenas o respeito à diversidade e ao peculiar.

O que as pessoas querem de fato é conversar sobre suas dúvidas e percepções. Ações de disseminação dos valores devem, portanto, contemplar encontros espontâneos que mobilizem as pessoas para um diálogo aberto e produtivo.

Saio daqui com uma percepção diferente – mais completa – das pessoas e dos valores. Discussões bem abertas e sinceras que geram empatia entre o grupo. Um momento de olhar pra dentro e valorizar o que realmente importa. Essa me parece ser a melhor maneira de conhecer valores: vivê-los e discuti-los.

Ao longo dos treinamentos, os participantes manifestam o interesse de levar o debate dos valores para todas as instâncias da empresa. Referem-se à atitude permanente de filtrar as ações por meio da prática dos valores.

Por outro lado, também expressam o desejo de levar essa discussão para os pares com o intuito de compartilhar não somente as boas práticas como também os dilemas ético-morais. Referem-se a situações de conflitos nas quais o limite entre os valores praticados na empresa e os pessoais entra em confronto. Também há situações não previstas no código de ética que se traduzem em dúvidas do que é desejável e, ao mesmo tempo, justo. Circunstâncias delicadas presentes todos os dias que merecem um cuidado extremo, pois incidem diretamente na qualidade da convivência e na motivação das equipes.

Nossa sugestão é que os líderes incorporem o hábito de discutir valores com as equipes e também com seus pares e demais líderes. Desse modo, o tema "como atingir metas" passa a ser tratado com o devido cuidado. Isso significa também a possibilidade de redimensionar o papel da comunicação, assumindo responsabilidade pela qualidade dos relacionamentos.

Além disso, comitês de guardiães espontâneos dos valores podem e devem ser estimulados. Há pessoas que, durante os treinamentos, seriam facilmente recrutadas para ações de disseminação dos valores, pois manifestam uma tendência natural de liderança baseada em atitudes éticas. Importante mesclar indivíduos de distintas categorias que comunguem do mesmo propósito: orientar a organização na construção consistente de ações que visem ao bem-estar das pessoas. Técnicas de criatividade e o debate dentro das equipes podem trazer ideias inovadoras e mobilizadoras no quesito valores.

Os temas apontados como insatisfatórios na *performance* da liderança também podem dar lugar a comitês que avivem os valores necessários para minimizar os *gaps* e a insatisfação. Se, por exemplo, a queixa incidir na incoerência entre discurso e prática, deve-se criar um comitê relâmpago que propague e dissemine a integridade dentro dos diferentes níveis hierárquicos. Isso significa que o comitê recruta os líderes para ações pontuais com o intuito de sensibilizar e estimular a efetividade da coerência em tudo que se fizer.

Da mesma maneira, o time de Comunicação Interna, aliado ao RH, pode apoiar as ações dos valores propondo campanhas e eventos voltados para a prática e o debate sobre a necessidade de integridade em todas as instâncias da empresa. Ou seja, as ações combinam entre si e a sala de treinamento, por exemplo, deixa de ser um local de atividades estanques. Ao contrário, torna-se um lugar no qual o debate de valores se inicia e se propaga para toda a organização. Assim, o debate deve abarcar do chão de fábrica à alta administração. Afinal, toda ética de convivência desejável deve ter em conta a percepção das pessoas, ser capaz de mobilizá-las e de levá-las a partilhar boas práticas e disseminar, de forma efetiva, os valores organizacionais.

Nessa mesma linha, vídeos institucionais podem ser gravados, contando com a participação espontânea dos próprios colaboradores. A simples pergunta sobre o que importa no ambiente de trabalho revela a visão renovada das pessoas no quesito valores e cultura. Dessa forma, elas expressam o que verdadeiramente importa. O resultado sempre tem que ver com o momento organizacional, com os valores em pauta e com o desejo que as pessoas têm de encontrar, na convivência diária, um significado maior. Bastam um roteiro seguro com respiros (pausas e imagens elucidativas) e uma boa equipe de filmagem e edição. As pessoas agradecem a espontaneidade dos depoimentos e a reflexão sempre oportuna sobre os valores.

Além disso, visto que a grande queixa velada das pessoas diz respeito ao estresse ao qual estão submetidas no cotidiano, pequenas ações de descompressão são sempre bem-vindas. Por isso, tenho sugerido a alguns clientes a contratação de *clowns*, de contadores de histórias, de violinistas, enfim, a organização de atividades lúdicas de curta duração que surpreendam as pessoas no ambiente de trabalho. Elas sempre vão se lembrar do instante perfeito da descontração como um brinde aos esforços conjuntos em prol da empresa.

Outra sugestão é orquestrar ações consistentes com foco no bem-estar das pessoas. Esse é o tendão de aquiles dos profissionais: encontrar espaço para falar de coisas essenciais, incorporando o cuidar-se como premissa de uma vida melhor. Nesse sentido, além de temas relacionados à saúde integral, há espaço para conversar sobre o autoconhecimento e o desenvolvimento pessoal. Afinal, é disso que trata a ética: da possibilidade de buscar uma vida boa para si e para os demais, levando em conta a expansão de si mesmo como ser humano pleno e íntegro. Trata-se de criar relações e parcerias baseadas nos valores – tudo a que nós aspiramos.

Você em destaque

"Hoje os líderes empresariais estão reinventando tudo, exceto a si próprios. Se os executivos não perceberem que precisam mudar não apenas o que fazem, mas também o que são, não apenas como concebem o trabalho, mas também como concebem a si mesmos, eles fracassarão."

TRACY GOSS – Consultora, conferencista e escritora, especialista em transformação de equipes CEOs e liderança

A SUGESTÃO AGORA é aprofundar a autorreflexão e a auto--observação. O ponto de partida é se conhecer. Afinal, a mudança começa por dentro. Reinventar-se é a palavra--chave. Então, mãos à obra! Comece respondendo às seguintes perguntas:

- Que metas você estabelece para si como fundamentais para seu desenvolvimento? Procure ser o mais específico possível.
- Hoje, quais são suas prioridades em relação à carreira?
- Que habilidades mais se destacam ou você julga ter mais potencialmente desenvolvidas?
- Como você lida com seus pontos mais vulneráveis? Que estratégias você adota para superá-los?

Uma vez respondidas essas questões, faça um balanço pessoal. Observe suas habilidades e sua base moral e ética, ou seja, os recursos disponíveis para superar os desafios de desenvolvimento. Que valores essenciais fazem parte da construção do seu caráter? Quais você deve avivar a fim de fortalecer sua autoexpressão? Aproveite e dedique-se a refletir profundamente sobre as questões éticas a seguir:

- Que vida eu quero ter?
- De que maneira vou realizar a expansão de mim mesmo?
- Para mim, o que é uma vida boa?
- Como estou construindo minha felicidade?
- Tenho me dedicado ao que realmente importa?
- Tenho sido fiel a mim mesmo, aos meus valores essenciais?

Se suas respostas forem satisfatórias, celebre a vida e mais essa vitória. Caso demore para responder, aproveite a oportunidade para refletir sobre suas prioridades. Uma vida ética exige fidelidade para consigo mesmo. Portanto, as palavras-chave são "revisitar-se" e "autorizar-se" a ser a pessoa que você decidiu ser. Mantenha sempre presente a pergunta: "Que líder eu quero ser?"

Depois de ler este livro, você deve ter refrescado a memória acerca dos valores que considera essenciais. Haverá, inclusive, alguns que não foram contemplados. Complemente sua lista. Enumere-os e então os classifique por ordem de importância.

Perceba aqueles que merecem sua atenção especial neste momento. Você pode, por exemplo, andar muito estressado, sem tempo para cuidar dos relacionamentos. Privilegie, então, a generosidade que faz que você se disponha voluntariamente a ajudar os outros, pois isso só depende da sua vontade. Reserve tempo também para se consagrar ao diálogo, para dar atenção às pessoas e para exercitar a escuta e a empatia (focando a atenção no outro). Trace um plano de ação. Procure cumprir rigorosamente o compromisso que assumiu com você mesmo. Não abra mão das prioridades, porque se trata da sua felicidade. Seja flexível, mas não indulgente. Evite se enrolar com justificativas e faça valer o autorrespeito. Seja fiel a você mesmo.

Valores de equipe

ESTABELECER E REVITALIZAR valores é uma das tarefas mais cruciais dos líderes. Pensando em sua equipe, no momento atual, que valores você considera cruciais? Como pensa introduzi-los ou reforçá-los?

Dedique um tempo – entre 15 minutos e meia hora – uma vez por semana ou a cada dez dias, para discutir com sua equipe algum valor que possa impulsioná-la, que "energize" a todos os seus membros (veja o tópico "As histórias", p. 157). Encontre formas criativas para surpreendê-los a cada encontro. Peça sugestões e convide-os a participar e a interagir.

Em conversas ou *feedbacks*, ao abordar o que se espera do colaborador, lembre-se de reforçar o quesito valores. Fale abertamente sobre eles e relacione-os com a atitude/comportamento desejável. Caso, por exemplo, o funcionário tenha "furado" os prazos repetidas vezes, reforce o conceito de interdependência, o valor do trabalho em equipe. Certifique-se de que ele entende a relevância de sua missão, de que encontra motivos para exercer bem sua função. Se ele entender a importância dos valores, compreenderá como deve agir. Aproveite para ajustar expectativas e metas e, sobretudo, para conhecer melhor seus colaboradores. Assim você saberá como motivá-los de maneira assertiva.

Missão renovada

OUTRAS REFLEXÕES importantes são aquelas que respondem, de forma satisfatória, às perguntas: "De que maneira a empresa vencerá no mercado?", "De que forma sua equipe pode atingir os resultados e ser vencedora?" É urgente implementar mudanças significativas por meio de estratégias adequadas. Como você dará um sentido de urgência às pessoas? Discuta com elas as consequências nefastas da inação. Aliás, que mudanças você considera imprescindíveis? Reforce periodicamente o senso de urgência para as mudanças atitudinais que se fazem necessárias.

Questione os comportamentos indesejáveis que representam os valores nocivos. Analise com sua equipe os *gaps* entre cultura atual e cultura desejada. Procure identificar as atitudes que configuram o jeito de ser da empresa. Observe que tudo depende de *como* atingimos os resultados, de *como* nos relacionamos para criar uma convivência significativa. Converse com as pessoas e questione os sistemas de crenças e valores para definir um senso de direção. Crie senhas para identificar as mudanças desejáveis. Compartilhe sua inquietude e sua missão de validar os valores organizacionais respeitando individualidades, sem ser omisso ou complacente com os desvios de rota.

Você pode criar missões instantâneas que sejam inspiradoras. Imagine que neste momento, diante da atual conjuntura e dos objetivos estratégicos da empresa, você crie uma missão particular para sua equipe. O que você faria para que essa missão fosse entendida e abraçada pelas pessoas? Que metas e objetivos você estabeleceria a fim de realizar a missão? Como você faria para que essas metas arrojadas validassem o esforço? Lembre-se: elas precisam ser suficientemente mobilizadoras, mas jamais desencorajadoras.

As histórias

UMA ÓTIMA FORMA de trabalhar os valores com os funcionários é reproduzir vídeos disponíveis na internet e cenas de filmes. Porém, a mais simples, que não exige nenhum recurso externo, é aquela que usa o velho e bom método de contar histórias.

As histórias são a pedra angular na qual construímos nossa vida. Ao conhecer a história de uma pessoa, conhecemos essa pessoa. Ela é a chave para a compreensão dos atos de alguém. É o juiz que anula nossos julgamentos. O momento de hoje me trouxe novamente o – hoje cada vez mais – raro prazer de ouvir uma boa história. Foi como se as histórias que as pessoas fossem contando quebrassem uma espécie de "máscara" que elas usavam e revelassem sua verdadeira força e beleza. Especialistas em TI tornaram-se pais. Chefes do Comercial transformaram-se em guerreiros lendários que venceram doenças. Um crachá tornou-se um ser humano: belo, raro e complexo. Saio pela porta com vontade de me sentar novamente ao redor do fogo. Levo uma experiência de vida cheia de valores e de respeito com o próximo.

Se você fizer uma retrospectiva da sua vida, se lembrará de momentos de superação ou de extrema felicidade por meio dos quais priorizou os valores que realmente importam. Ou seja, cada lição de vida nos traz um ou vários aprendizados e salienta a relevância de valores que passam a ser nossas meninas dos olhos.

Vamos supor que você se lembre do nascimento do seu primeiro filho, de quanto estava temeroso e inseguro. E então o filho nasce e você se arvora de coragem, o mundo ganha novo sentido e você descobre uma força de superação enorme. Alguns valores tomaram a dianteira, como a simplicidade ou a tranquilidade em família, promoção do bem-estar da criança (atitudes carregadas de amor e generosidade), atenção às necessidades da família (aqui entra a empatia), diligência para atender às demandas que surgem etc. Ao narrar essa história, sua equipe compreenderá que você se importa com o bem-estar das pessoas e que, em última instância e em conjunto, vocês precisam zelar uns pelos outros. A mesma garra descoberta durante o nascimento do seu filho é a fortaleza interna sempre disponível para vencer outros obstáculos. Inspire sua equipe com seu exemplo.

Imaginemos ainda que você se lembre de um problema de saúde cujo aprendizado foi a descoberta de uma força tamanha que possibilitou sua recuperação. Além disso, ao longo de todo o processo, o enfrentamento da doença reforçou a importância da amizade, da família, da união entre as pessoas (aqui entram aspectos como determinação, generosidade, solidariedade, espírito de equipe). Então, uma vida boa passou a ter nova conotação. Os valores em destaque passaram a guiar suas ações. Sua equipe também pode estar precisando descobrir que unindo esforços, apoiando-se uns nos outros, será muito mais fácil atravessar as intempéries. Ao refletir sobre a necessidade de cada um mobilizar-se para superar, unidos, os desafios, eles podem descobrir que jamais serão vencidos.

Você pode ainda falar dos bastidores da empresa, dar exemplos de gente que faz (de verdade) ou de equipes que apresentaram resultados surpreendentes. Pode, inclusive, pedir aos membros de sua equipe que compartilhem histórias marcantes que fizeram toda diferença em suas trajetórias profissionais. Lembrar-se de pessoas que servem de modelo é um excelente recurso para inspirar a prática de valores.

Avivar os valores e praticar, praticar, praticar...

REÚNA O GRUPO, faça uma roda e conte sua história. Mas lembre-se: procure não se estender nem ser sucinto demais. Ao final, discuta a importância dos valores.

As histórias encantam as pessoas e são mensageiras de muitos aprendizados. Elas podem ser trampolins para resgatar a energia do conjunto e uma forma muito eficaz de alinhar propósitos. Assim, proporcionam uma pequena pausa para energizar a equipe e resgatar o sentido do pertencimento. É sempre muito oportuno capturar as histórias da empresa, disseminar as boas práticas e reavivar continuamente os valores.

A seguir, algumas dicas para que o momento de contar histórias seja bem produtivo:

- Escolha uma história que tenha entre três e cinco minutos.
- Mantenha o fio da meada: início, meio e fim.
- Não inicie a fala dizendo que vai contar uma história, por exemplo, de superação. Essa é a moral, o final da história.

- Evite ser detalhista ou sucinto em excesso.
- Ao narrar, olhe as pessoas nos olhos. Divida seu olhar com todos os presentes.
- Use sua capacidade de encantar as pessoas.
- No final, deixe cinco minutos para que as pessoas teçam comentários.
- Em vez de revelar a moral da história, permita que elas compartilhem suas percepções.
- Encerre relacionando a importância do valor em questão ao momento atual da equipe. Lembre-se: os valores representam o *como agir*. No final, diga exatamente o que você espera deles. Vá direto ao ponto!

A gestão dos valores

OS TEMPOS TRAZEM mudanças significativas e as organizações vencedoras são aquelas que se antecipam a essas mudanças e se transformam com elas. E, para que isso ocorra, são imprescindíveis líderes que saibam administrar com disciplina e flexibilidade as melhorias constantes, que demonstrem coragem em suas ações. Mas, sobretudo, necessita-se de líderes que saibam gerir pessoas, que sejam capazes de sensibilizá-las e orientá-las por meio de uma sólida base ética e moral. Afinal, é isso que elas valorizam.

Gerenciar os valores também exige direcionar a vontade em prol dos objetivos estratégicos, trabalhar por um clima organizacional sustentável – alicerçado, portanto, no bem-estar das pessoas. Isso requer também uma saudável introspecção diária acerca de suas ações e decisões. A ideia é possibilitar a autoavaliação, o reforço dos pontos fortes e a superação dos pontos fracos. Além disso, a possibilidade de se arvorar de coragem para pedir ajuda, de se inspirar nos demais, aprender com eles, ou seja, de compartilhar, deve estar presente. Sobretudo, o desafio é firmar-se nos valores como condição para ser exemplo de integridade. O grande diferencial é, sem dúvida, a gestão consciente dos valores. Enfim, tudo isso requer disciplina. E disciplina vem de dentro. É fruto de uma vontade independente. É seguir de forma consciente os próprios valores. É ter a vontade e a força necessárias para subordinar sentimentos e humores a esses valores. Em síntese, fazer destes sua bandeira e seu guia.

Não sou fã do acaso. Prefiro pensar que as pessoas se atraem pela energia que emanam. Sendo assim, não vou agradecer pela sorte de ter te encontrado, mas pela sua humildade de se colocar disponível para dividir com todos o seu dom e sua paixão. Parabéns pelo seu trabalho e por não abrir mão dos seus valores. Você não vende um produto customizado. Tudo que vi e ouvi estava rodeado por uma filosofia consistente, verdadeira e apaixonada; e é isso que move as pessoas! Como diz o ditado, "A palavra convence, o exemplo arrasta!"

Referências bibliográficas

CARVALHO, Luciana. "5 erros de gestão que levaram à renúncia do presidente da Tepco". *Exame.com*, 20 maio 2011. Disponível em: http://exame.abril.com.br/negocios/gestao/noticias/5-erros-de-gestao-que-levaram-a-renuncia-do--presidente-da-tepco?p=5. Acesso em: 26 mar. 2012.

COMTE-SPONVILLE, André. *Pequeno tratado das grandes virtudes*.

DE LA TAILLE, Yves. *Moral e ética – Dimensões intelectuais e afetivas*. Porto Alegre: Artmed, 2006.

DE MASI, Domenico. *Criatividade e grupos criativos*. Rio de Janeiro: Sextante, 2002.

São Paulo: Martins Fontes, 2009.

DI NIZO, Renata. *A educação do querer*. São Paulo: Ágora, 2007.

_____. *Foco e criatividade*. São Paulo: Summus, 2009.

FERREIRA, Leila. "Estamos obcecados com 'o melhor'". Site Vida e Aprendizado, 21 maio 2005. Disponível em: <http://www.vidaeaprendizado.com.br/artigo.php?id=269>. Acesso em: 26 mar. 2012.

GOLEMAN, Daniel. *Trabalhando com a inteligência emocional*. Rio de Janeiro: Objetiva, 1998.

_____. *Inteligência social*. Rio de Janeiro: Campus, 2007.

KAO, John. "Criatividade: arte e disciplina". In: JÚLIO, Carlos Alberto; SALIBI NETO, José (orgs.). *Inovação e mudança*. São Paulo: Publifolha, 2001 (Coletânea HSM Management).

LEE, Blaine. *O princípio do poder – A ética e a honra influenciando pessoas*. Rio de Janeiro: Negócio, 2005.

Referências bibliográficas

MARTIN, Doris; BOECK, Karin. *O que é a inteligência emocional*. Lisboa: Pergaminho, 1997.

MILLER, Jacqueline. "A ferramenta do humor – Atitudes como rir e deixar rir ajudam a implementar o empowerment nas empresas". *HSM Management*, São Paulo, ano 5, nov.-dez. 1997, p. 80-84.

O'DONNELL, Ken. *Valores humanos no trabalho – Da parede para a prática*. São Paulo: Gente, 2006.

TICHY, Noel; COHEN, Eli. *O motor da liderança*. São Paulo: Educator, 1999.

leia também

O MEU, O SEU, O NOSSO QUERER
FERRAMENTAS PARA A COMUNICAÇÃO INTERPESSOAL
Renata Di Nizo

Complementa o livro anterior da autora, A educação do querer, que trata do autoconhecimento. Este aborda a comunicação com o outro. O objetivo é investigar e aprimorar o diferencial expressivo, tornando a fala e a escrita intervenções autênticas e transformadoras. Excelente instrumento de trabalho para empresas.

REF. 20033   ISBN 978-85-7183-033-2

A EDUCAÇÃO DO QUERER
Ferramentas para o autoconhecimento e a auto-expressão
Renata Di Nizo

O objetivo deste livro é que cada um descubra estratégias apropriadas para aprender. Ele trata de comunicação intrapessoal – isto é, de autoconhecimento –, despertando a habilidade que todos temos de nos tornar aptos a executar as mudanças de vida que desejamos. Prático, criativo e eficiente, pode ser utilizado em empresas, escolas, fábricas ou em grupos menores.

REF. 20028   ISBN 978-85-7183-028-8

FOCO E CRIATIVIDADE
Fazer mais com menos
Renata Di Nizo

O lema "fazer mais com menos" impregnou a vida moderna. Mas não basta ser ágil e criativo: é preciso levar a sério a interdependência entre ética e criatividade – tanto pessoal como profissionalmente. Este livro, ideal para o atual momento de crise, aborda a importância do foco e as formas de aplicá-lo no ambiente organizacional; as etapas do processo criativo; os passos fundamentais para desenvolver a criatividade e técnicas para gerar ideias em grupo.

REF. 10644   ISBN 978-85-323-0644-9

ESCRITA CRIATIVA
O prazer da linguagem
Renata Di Nizo

Sim, todos podem escrever bem – e, principalmente, gostar de escrever. Neste livro, Renata Di Nizo oferece numerosas técnicas de criatividade que possibilitam a descoberta do potencial criativo – muitas vezes oculto por uma rotina cansativa e a falta de estímulos adequados. Indicado para todas as pessoas que desejam se comunicar melhor por escrito, especialmente profissionais, acadêmicos e estudantes.

REF. 10526   ISBN 978-85-323-0526-8

www.gruposummus.com.br

IMPRESSO NA
sumago gráfica editorial ltda
rua itauna, 789 vila maria
02111-031 são paulo sp
tel e fax 11 **2955 5636**
sumago@sumago.com.br